ENEM E ENADE

ANÁLISE DE CAPITAL CULTURAL

Editora Appris Ltda.
1.ª Edição - Copyright© 2023 da autora
Direitos de Edição Reservados à Editora Appris Ltda.

Catalogação na Fonte
Elaborado por: Josefina A. S. Guedes
Bibliotecária CRB 9/870

B493e 2023	Berg, Rosana da Silva ENEM e ENADE : análise de capital cultural / Rosana da Silva Berg. – 1 ed. – Curitiba : Appris, 2023. 192 p. ; 23 cm. Inclui referências. ISBN 978-65-250-5439-1 1. Avaliação educacional. 2. Ensino médio – Avaliação. 3. Universidades e faculdades – Avaliação. 4. Educação e Estado. 5. Cultura. I. Título. CDD – 371.26

Livro de acordo com a normalização técnica da ABNT

Appris *editora*

Editora e Livraria Appris Ltda.
Av. Manoel Ribas, 2265 – Mercês
Curitiba/PR – CEP: 80810-002
Tel. (41) 3156 - 4731
www.editoraappris.com.br

Printed in Brazil
Impresso no Brasil

ROSANA DA SILVA BERG

ENEM E ENADE
ANÁLISE DE CAPITAL CULTURAL

FICHA TÉCNICA

EDITORIAL	Augusto Coelho
	Sara C. de Andrade Coelho
COMITÊ EDITORIAL	Marli Caetano
	Andréa Barbosa Gouveia (UFPR)
	Jacques de Lima Ferreira (UP)
	Marilda Aparecida Behrens (PUCPR)
	Ana El Achkar (UNIVERSO/RJ)
	Conrado Moreira Mendes (PUC-MG)
	Eliete Correia dos Santos (UEPB)
	Fabiano Santos (UERJ/IESP)
	Francinete Fernandes de Sousa (UEPB)
	Francisco Carlos Duarte (PUCPR)
	Francisco de Assis (Fiam-Faam, SP, Brasil)
	Juliana Reichert Assunção Tonelli (UEL)
	Maria Aparecida Barbosa (USP)
	Maria Helena Zamora (PUC-Rio)
	Maria Margarida de Andrade (Umack)
	Roque Ismael da Costa Güllich (UFFS)
	Toni Reis (UFPR)
	Valdomiro de Oliveira (UFPR)
	Valério Brusamolin (IFPR)
SUPERVISOR DA PRODUÇÃO	Renata Cristina Lopes Miccelli
ASSESSORIA EDITORIAL	William Rodrigues
REVISÃO	Isabela do Vale Poncio
PRODUÇÃO EDITORIAL	William Rodrigues
DIAGRAMAÇÃO	Bruno Ferreira Nascimento
CAPA	Lívia Weyl
REVISÃO DE PROVA	William Rodrigues

À minha irmã Andréa, que se formou, se (re)formou e se transformou na escola pública.

AGRADECIMENTOS

À Raquel Villardi, pela colaboração generosa nas reflexões sobre a obra de Bourdieu.

Ao Sebastião Votre, pela leitura paciente e colaborativa desde o primeiro manuscrito e pela colaboração contínua para a produção deste livro.

A avaliação inflama necessariamente as paixões, já que estigmatiza a ignorância de alguns para melhor celebrar a excelência de outros.

(Philippe Perrenoud)

PREFÁCIO

Entre as temáticas mais relevantes do contexto contemporâneo, destacam-se as políticas públicas, e nessas sobressaem as educacionais, em declarações universais, e nas leis brasileiras.

Convivendo com os desafios e com as tentativas de superá-los, constato uma lacuna colossal: a pobreza de iniciativas de análise e melhoria de políticas públicas de avaliação da educação básica e universitária. Decorre daí o entusiasmo com que prefacio este livro, corajoso e inovador, na análise crítica e na proposição de melhoria dos objetos educacionais de ENEM e ENADE, como políticas públicas prioritárias.

O material analisado é composto por questões objetivas e discursivas proveniente de três provas de ENEM e duas do ENADE, desta vintena, rigorosa avaliação do papel dos textos de suporte e da enunciação das questões, para a formação cidadã.

O livro inova também no suporte para análise, tomando como critérios os conceitos de Bourdieu sobre capital cultural e reprodução das estruturas de manutenção da desigualdade.

A autora é corajosa na análise das perspectivas de emancipação, presentes nos documentos nacionais, com ênfase na LDB 9394 de 1996, que incorpora e amplia os objetivos educacionais das declarações internacionais de 1990, de Jomtien, e de 1993, de Nova Delhi. Ademais, avalia criticamente as metas propostas de 2000, de Dakar, e sobretudo de Inchedon, de 2015. Constata que essas declarações estão estreitamente interligadas e se constituem nos princípios mais relevantes, que se acumulam com metas ambiciosas para o domínio de saberes e estratégias de emancipação. Sua contribuição, nessa parte, é extremamente relevante.

Após ter trabalhado com Rosana, durante sete anos, sobre as temáticas de avaliação do ensino no Brasil, considero o livro indispensável para professores, analistas do discurso educacional e formuladores de políticas de avaliação.

Sebastião J. Votre
Doutor e livre-docente em Linguística, professor titular da UFRJ
e professor associado IV da UFF, aposentado em ambas as instituições

LISTA DE SIGLAS

ANA	Avaliação Nacional da Alfabetização
ANEB	Avaliação Nacional da Educação Básica
ANRESC	Avaliação Nacional do Rendimento Escolar
BM	Banco Mundial
CNE	Conselho Nacional de Educação
EJA	Educação de Jovens e Adultos
ENADE	Exame Nacional de Desempenho dos Estudantes
ENCCEJA	Exame Nacional para Certificação de Competências de Jovens e Adultos
ENEM	Exame Nacional do Ensino Médio
DI	Declaração de Incheon
DJ	Declaração de Jomtien
DK	Declaração de Dakar
DND	Declaração de Nova Delhi
EPT	Educação para Todos
FGV	Fundação Getúlio Vargas
FIES	Fundo de Financiamento Estudantil
IES	Instituição de Ensino Superior
IBGE	Instituto Brasileiro de Geografia e Estatística
INEP	Instituto Nacional de Estudos e Pesquisas Educacionais Anísio Teixeira
IPEA	Instituto de Pesquisa Econômica Aplicada
LDB	Lei de Diretrizes e Bases da Educação
MEC	Ministério da Educação
MP	Medida Provisória
ODS	Objetivos de Desenvolvimento Sustentável
PISA	Programa Internacional de Avaliação de Estudantes

PNE	Plano Nacional de Educação
PROUNI	Programa universidade para todos
SAEB	Sistema Nacional de Avaliação da Educação Básica
SINAES	Sistema Nacional de Avaliação da Educação Superior
SISU	Sistema de Seleção Unificada
TRB	Taxonomia de Bloom Revisada
UERJ	Universidade do Estado do Rio de Janeiro
UNESCO	Organização das Nações Unidas para Educação

SUMÁRIO

INTRODUÇÃO

Quase não tínhamos livros em casa
E a cidade não tinha livraria
Mas os livros que em nossa vida entraram
São como a radiação de um corpo negro.
(Caetano Veloso – Livros)

Começo este livro com um pequeno memorial de minha trajetória profissional.

Meu ofício é o magistério. Trabalhei no ensino público e no privado, com turmas da educação básica durante 12 anos. Na rede estadual do Rio de Janeiro, lecionei em turmas do ensino médio regular, quase sempre no terceiro ano regular e também com turmas da Educação de Jovens e Adultos (EJA). Comecei a trabalhar no ensino superior há 18 anos, em turmas de Letras. Posteriormente, com turmas de primeiro período em diversos cursos de graduação, lecionando a disciplina Leitura e Produção de Textos. Atualmente, leciono na Escola de Formação de Professores, nos cursos de Pedagogia e Letras.

Nesse tempo de magistério, acompanhei esforços para melhoria da Educação Básica que começaram a ser desenhados a partir de 1990, após o compromisso assumido pelo Brasil de tornar universal a educação básica. Com o objetivo de melhorar a qualidade da educação, foram estabelecidas novas propostas de gestão escolar, de financiamento, de políticas de formação de professores, de programas de avaliação educacional em larga escala.

A criação das avaliações educacionais fez com que estados e prefeituras instituíssem programas estaduais e municipais de avaliações, com a finalidade de familiarizar os estudantes com as avaliações em larga escala e para auferir a evolução do processo de aprendizagem dos alunos. Exemplo dessas avaliações é o SAERJINHO, política de avaliação diagnóstica, que era aplicado bimestralmente nas escolas da rede estadual de ensino do Estado do Rio de Janeiro. Avaliação que foi tema de minha dissertação de mestrado. Disposta a aprofundar minha pesquisa do mestrado, aprofundei minha pesquisa sobre as avaliações em larga escala.

Desde a infância, tenho grande interesse pela leitura e pela análise dos mais diversos textos que lia. Sim, eu lia e analisava os textos desde muito menina. Naquela época eu não sabia disso. Mais tarde, na graduação, comecei a prestar mais atenção à minha intuição quando interpretava o que lia.

Foi então que associei a intuição e a inferência às teorias que havia aprendido durante a graduação para ler os textos que, por escolha ou por necessidade do ofício docente, chegavam até mim.

O interesse pela leitura e por novas leituras se mantém e aumenta a cada dia. Interesse que fez com que a professora que estava totalmente envolvida com a leitura e a produção textual de alunos universitários, começasse a querer beber de outras fontes com o objetivo de saber mais sobre avaliações em larga escala e sobre políticas públicas de educação.

Bourdieu, Biesta e Apple são autores que destaco, porque ampliaram minha compreensão sobre as avaliações em larga escala e porque também ampliaram minha compreensão de como as desigualdades abissais que vivemos no mundo, especialmente no Brasil, causam impacto nas resoluções sobre políticas públicas para a educação, na vida dos estudantes e em todo contexto escolar.

O gosto pela leitura levou-me até a análise das questões do *corpus* sobre o qual me debrucei neste livro. Ler, reler, "triler" as questões foi um trabalho longo e ao mesmo tempo instigante.

Além do gosto pela leitura, dou ênfase ao uso da linguagem como instrumento de comunicação para o crescimento pessoal e, consequentemente, profissional. Por isso, seria impossível que a linguagem estivesse apartada das ideias que estão aqui nesta obra e das análises das questões.

Para produção deste livro, investiguei o tipo de capital cultural que está presente nas avaliações Exame Nacional do Ensino Médio (ENEM) e Exame Nacional de Desempenho dos Estudantes (ENADE) e avaliei em que termos as provas oferecem chances equânimes de sucesso para estudantes oriundos de diferentes classes sociais e com diferentes experiências na educação básica. Para essa investigação, o *corpus* foi constituído por questões das provas do ENEM dos anos 2000, 2010 e 2019 e do ENADE dos anos 2010 e 2019.

Em busca da comprovação da hipótese que o ENEM e o ENADE podem se constituir em princípios de diferenciação para os que fazem os exames, analisei criticamente em que termos capital cultural, presente nas questões das avaliações ENEM e ENADE, contribui para a manutenção das desigualdades socioeconômicas e culturais. A investigação focalizou: I) a análise dos textos propostos, dos enunciados e das alternativas que estão nas provas ENEM e ENADE (o suporte das questões), verificando em que termos essas avaliações oferecem oportunidade de sucesso para estudantes com diferentes níveis de capital cultural incorporado; II) a identificação dos tipos de bens culturais que integram as questões das avaliações; III) a categorização desses bens, conferindo em que medida se aproximam da educação oferecida para as classes populares; IV) a aplicação dos conceitos de reprodução e capital cultural, de Bourdieu, nas questões das provas de língua portuguesa e redação do ENEM e na prova de formação geral do ENADE, verificando em que medida estudantes com níveis diferentes de capital cultural incorporado teriam a mesma chance de sucesso nas questões e V) o confronto das duas avaliações em busca da presença de quesitos equivalentes em ambas.

No primeiro capítulo, discuto o conceito de capital cultural cunhado por Pierre Bourdieu e de reprodução forjado por Pierre Bourdieu e Jean-Claude Passeron. Recorro à "cultura de medição", de Gert Biesta, que fala sobre o alargamento de objetivos das avaliações em larga escala que se transformaram em *ranking* para saber "quem é o melhor e quem é pior". Biesta interroga o que realmente estamos medindo com as avaliações em larga escala. O autor corrobora o posicionamento de Bourdieu e Passeron, em que estes asseveram que o exame é um empreendimento da cultura dominante.

Ainda no primeiro capítulo, apresento o método de análise que incorporou a análise de conteúdo de Laurence Bardin, a apresentação que Sebastião Votre faz dessa ferramenta de análise, os estudos de Norman Fairclough sobre discurso e mudança social e o conceito de análise crítica do discurso, de Luisa Martins Rojo, que diz que construções discursivas legitimam, refletem e reforçam diferenças sociais.

No segundo capítulo, comento nossas Leis de Diretrizes de Bases e os documentos internacionais que norteiam nossa educação e que dão suporte às avaliações em larga escala. As declarações internacionais que comentamos: Jomtiem, Nova Delhi estabeleceram o compromisso de Educação para todos; Incheon e Dakar ratificaram e ampliaram o compromisso que assegura uma educação equitativa e emancipadora para todos que fora estabelecido em Jomtien e Nova Delhi.

No terceiro capítulo, com base no site e nos documentos do INEP, narro como as avaliações em larga escala foram se estabelecendo em nosso país e apresento a trajetória do ENEM e do ENADE. A intenção no capítulo é mostrar como os exames foram crescendo e se modificando ao longo dos anos.

No quarto capítulo, com o objetivo de investigar mudanças no exame, dedico-me à análise de questões de Linguagens, códigos e suas Tecnologias e de Redação, do ENEM, dos anos de 2000, 2010 e 2019. O espaço de dez anos entre a primeira e a segunda prova foi estabelecido, porque, a partir de 2009, o exame se tornou a principal via de acesso às universidades federais brasileiras. A prova de 2019 foi escolhida para averiguar como o exame havia se desenvolvido entre 2010 e 2019 e porque foi a última antes da pandemia de Coronavírus.

No quinto capítulo, faço a análise de questões do ENADE. Para essa análise, selecionei questões da prova de formação geral do exame, dos anos de 2010 e 2019, anos em que foi possível fazer uma analogia com as provas do ENEM analisadas neste trabalho. Ainda nesse capítulo, comparei as duas avaliações, buscando equivalências entre elas.

A obra pretende provocar reflexão crítica e encaminhar alternativas de solução para os problemas de cunho político-ideológico sobre como avançar na compreensão do conteúdo das provas analisadas, para que os estudantes das classes populares tenham um resultado mais produtivo, conseguindo êxito nas avaliações e na carreira, transformando a educação em um caminho de emancipação pessoal, intelectual e profissional.

A MANUTENÇÃO DAS DESIGUALDADES

No bucho do analfabeto
Letras de macarrão
Letras de macarrão
Fazem poema concreto.
(Edu Lobo e Chico Buarque)

A educação superior está na ordem do dia neste primeiro quartel do século XXI. A falta de informação sobre o que as instituições de ensino superior fazem, bem como a construção de um discurso que dá pouca importância ao papel dessas instituições no Brasil fazem com que pululem na mídia e nas redes sociais comentários, opiniões, soluções sobre e para o ensino superior. Este cenário revela que falta compreensão crítica da importância da educação para o desenvolvimento do país e para a emancipação cultural, política e econômica da comunidade estudantil.

Apesar de estarmos vivendo um momento de ataques às universidades, na última década a expansão do ensino superior adquiriu grandes proporções no Brasil, conforme mostra a Tabela 1.

Tabela 1 – Descrição das bases de dados doa indicadores de trajetória dos ingressantes de 2010 nos cursos de graduação do Brasil – 2010-2019

Informações gerais	Período de Análise					
	2010-2019	2011-2019	2012-2019	2013-2019	2014-2019	2015-2019
Número de IES	2.246	2.218	2.259	2.245	2.242	2.244
Número de cursos	27.609	27.556	28.302	28.060	28.649	29.537
Número de ingressantes	2.576.304	2.577.664	2.902.321	2.939.490	3.181.3633	3.034.183

Fonte: Deed/INEP, com base nos dados do Censo da Educação Superior – 2019

Sobre os dados da Tabela 1, o Resumo técnico do Censo da Educação Superior 2019 diz:

> As bases de dados aparecem descritas em termos de número de IES, de cursos de graduação e de ingressantes. Consideran-do-se as cinco coortes de ingresso, de 2010 a 2015, o número de IES se revela praticamente estável; o número de cursos, apesar de alguma variação, apresenta um comportamento ascendente ao longo dos anos e o número de ingressantes, por sua vez, assume uma tendência de crescimento positiva ao longo de toda série. (INEP, 2021, p. 47-48).

O crescimento de ingressantes no ensino superior vem possibilitando a democratização do acesso à Universidade a estudantes de classes populares que até então não conseguiam incluir a graduação em seus planos de avanço profissional e cultural.

O acesso ao ensino superior cresceu, mas o Brasil apresenta um dos mais altos índices de desigualdade social do mundo, e os esforços para acabar ou, pelo menos, diminuir as desigualdades sociais têm suas expectativas de êxito na educação formal.

O índice de Gini, que mede a renda do trabalho *per capita*, alcançou 0,627, o maior patamar da série histórica iniciada em 2012. Quanto mais perto de 1, maior é a desigualdade. O Gráfico 1 mostra uma elevação acentuada da desigualdade social brasileira após 2016 e permite uma análise mais detalhada dos dados.

Gráfico 1 – Subida da desigualdade social brasileira a partir de 2016

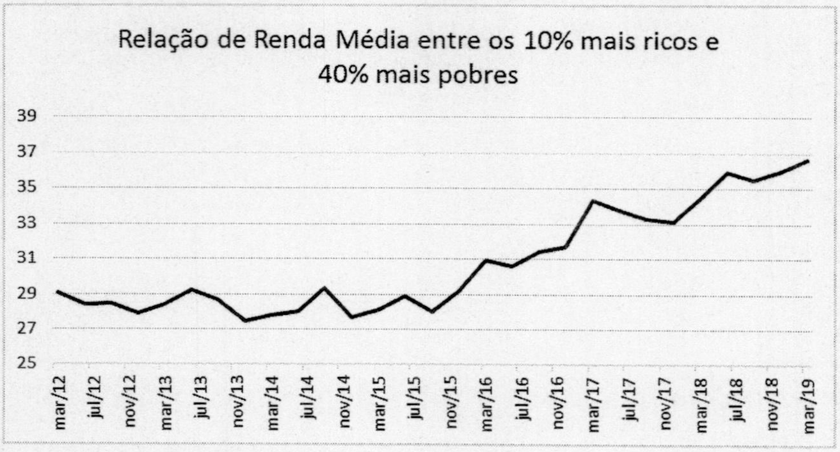

Fonte: FGV-IBRE (21-5-2019)

O crescimento da desigualdade social faz com que as desigualdades educacionais também sejam alargadas. Arroyo (2018) afirma que, para termos uma educação de qualidade, é preciso que antes sejamos reconhecidos como iguais, que não haja segregação entre humanos e in-humanos.

> O direito à igualdade educacional e social pressupõe o direito à igualdade como humanos, pressupõe o reconhecimento de todos serem humanos. A desigualdade radical no reconhecimento de uns grupos sociais como humanos e a segregação de outros grupos sociais como in-humanos está na raiz das desigualdades educacionais, sociais, cidadãs, raciais, étnicas em nossa história. (ARROYO, 2018, p. 1101).

O autor assevera que "a diversidade étnico-racial convertida em padrão de superioridade-inferioridade humana, intelectual, moral, cultural está na raiz das brutais desigualdades sociais e educacionais" (ARROYO, 2018, p. 1103).

Esse padrão de superioridade-inferioridade que colabora para nossas desigualdades sociais e educacionais, a que Arroyo se refere, também é apontado por Bourdieu, para quem "não é suficiente enunciar o fato da desigualdade diante da escola, é necessário descrever os mecanismos objetivos que determinam a eliminação contínua das crianças desfavorecidas" (BOURDIEU, 2015, p. 45).

A crença de que a educação de qualidade é o único caminho para interromper o desequilíbrio, reduzindo as desigualdades sociais mantém esperanças de muitos que estão nas classes populares e daqueles que estão imbuídos em trabalhar por uma sociedade mais justa e equitativa. A educação poderia, assim, contribuir decisivamente para que o Brasil exibisse índices mais animadores sobre avanços sociais, culturais, profissionais e econômicos de seus filhos.

1.1 Capital cultural e "cultura de medição"

Para iluminar as questões que estão no cerne do estudo, foram eleitos os conceitos de reprodução, de Bourdieu e Passeron (2014), e de capital cultural, de Bourdieu (2000; 2015). A teoria da reprodução postula que a escola reproduz internamente as relações de poder entre classes e a cultura dominantes, pois reforça o sistema de significações hierárquicas do capital cultural, construindo a dominação dos bens culturais (BOURDIEU; PASSERON, 2014).

A hipótese da reprodução se apresenta como abordagem crítica de uma escola que não apresenta um ambiente mediador[1] no que diz respeito aos processos de ensino e de aprendizagem. Os autores sustentam que o espaço escolar é um espaço de reprodução das desigualdades sociais, pois privilegia, mantém, valoriza e transmite o capital cultural da classe dominante, o que dificulta o progresso escolar dos estudantes oriundos de classes populares. Uma leitura crítica dos esforços de gestores educacionais e educadores em termos de políticas públicas permite constatar que, apesar de já terem ocorrido mudanças nos currículos, nos modos de ensinar, e no modo de lidar com a autonomia dos alunos, a escola continua a ser uma instituição marcada pela parcialidade.

No rol das áreas do saber e do fazer em educação em que se verificam reproduções, Bourdieu e Passeron (2014) destacam o domínio erudito da língua, quando a escola propõe em seu trabalho pedagógico inculcar um mesmo *habitus* linguístico nos estudantes, fazendo uma espécie de metonímia da parte pelo todo, que elege a variedade linguística que (e com que) vai ensinar, sem levar em conta a formação anterior, a classe social, o gênero do estudante, o que desfavorece aqueles que não tiveram acesso ao *habitus* instituído pela escola. Os autores afirmam que

> [...] a língua não é apenas um instrumento de comunicação, mas ela fornece, além de um vocabulário mais ou menos rico, um sistema de categorias mais ou menos complexo, de sorte que a aptidão à decifração e à manipulação de estruturas complexas, quer elas sejam lógicas ou estéticas, depende em certa parte da complexidade da língua transmitida pela família. (BOURDIEU; PASSERON, 2014, p. 97).

Nesse sentido, pode-se pensar, com Barthes (1978), a partir do que afirma no início de sua conferência *Aula,* proferida ao entrar no Collège de France, que a língua é fascista, instrumento coercitivo da escola como mecanismo ideológico que contribui para marcar diferenças e deixar cada classe no seu lugar, naturalizando a diferença.

---

[1] A recontextualização pedagógica, de Basil Bernstein, proposta em *A estruturação do discurso pedagógico* (1990) orienta a mediação feita pelo professor que reformula os textos de modo a cooperar com o processo de aprendizagem dos alunos a fim de que apreendam com propriedade o conhecimento e produzam novos discursos. Bernstein propõe um professor que selecione, simplifique o conhecimento que os alunos não elaboraram.

Os estudantes que absorvem e incorporam os modos, os ritos e os bens culturais[2] de mais prestígio têm mais chance de êxito e têm mais oportunidades de sucesso pessoal, acadêmico e profissional (Bourdieu, 2015). Entre os modos e os ritos da escola está a variedade culta do idioma que é imposta aos estudantes sem levar em conta a variedade linguística que parte dos alunos traz consigo quando entra na escola. Há um hiato entre a "língua da escola" e a "língua dos alunos" que contribui para alargar ainda mais as desigualdades sociais. Para colaborar com a diminuição das desigualdades sociais, no período de 2005 a 2015, construiu-se no Brasil

> [...] um conjunto de programas que permitiram investir, simultaneamente, em diversos campos, produzindo resultados notáveis. A coexistência de programas de apoio à educação fundamental em tempo integral, ao ensino médio técnico e à educação superior permitiu construir uma trajetória de apoio ao estudante, em cuja base se localizava o enfrentamento dos intoleráveis níveis de desigualdade do nosso país. (VILLARDI, 2019, p. 66-67).

Se o conjunto de programas de que Villardi (2019) fala não tivesse sido interrompido (maio 2016), a educação brasileira poderia ter avançado no enfrentamento das desigualdades sociais e contribuído para ampliar o capital cultural dos estudantes que chegam aos bancos escolares com um capital cultural diferente daquele que é valorizado pela classe hegemônica e reproduzido pela escola.

Bourdieu (2015) apresenta três estados do capital cultural: o incorporado, o objetivado e o institucionalizado. O estado incorporado torna-se parte da pessoa através de uma base da herança cultural familiar, que vai influenciar na sua vida pessoal, acadêmica e profissional. O estado objetivado se constitui de bens culturais como esculturas, pinturas e livros, que podem ser objetos de apropriação material, pressupondo capital econômico. O estado institucionalizado do capital cultural acontece em forma de diplomas que conferem ao portador um valor convencional, constante e juridicamente garantido no que diz respeito à cultura.

A respeito da acumulação do capital cultural, Bourdieu diz:

> O capital cultural é um ter que se tornou ser, uma propriedade que se fez corpo e tornou-se parte integrante da "pessoa", um

---

[2] Os bens culturais de mais prestígio são os valorizados pela classe hegemônica e, também são valorizados pela escola. Literatura, músicas, quadros, danças que pertencem ao cânone de uma cultura considerada culta, assim como a variedade culta do idioma.

> habitus. Aquele que o possui "pagou com sua própria pessoa" e com aquilo que tem de mais pessoal, seu tempo. Esse capital "pessoal" não pode ser transmitido instantaneamente (diferentemente do dinheiro, do título de propriedade ou mesmo do título de nobreza) por doação ou transmissão hereditária, por compra ou troca. (BOURDIEU, 2015, p. 83).

O capital cultural das pessoas é constituído pelos bens imateriais que elas constroem, cumulativamente, ao longo da vida. Os filhos da classe hegemônica herdam o capital cultural que foi incorporado pelas famílias e conseguem com mais facilidade ampliar este capital, pois as famílias garantem o tempo investido nesta ampliação, fazendo com que seus filhos tenham mais e maiores chances de sucesso pessoal, acadêmico e profissional (BOURDIEU, 2000). Em contrapartida, jovens das classes populares, além de não terem acesso privilegiado ao capital econômico, têm capital cultural exíguo, pois na maioria das vezes não lhes resta tempo para que incorporem o capital cultural indispensável para competir nos exames com os mais aquinhoados, uma vez que muitos ingressam muito cedo no mercado de trabalho. Em certa medida, os jovens das classes populares reproduzem o mesmo modo de vida de seus pais. Nas palavras de Bourdieu (2015), "as cartas são jogadas muito cedo".

Se a escola reproduz internamente as desigualdades sociais porque valoriza o capital cultural da classe dominante, os que têm tempo para investir na acumulação desse capital cultural terão mais êxito na escola; em decorrência disso, terão mais chances de êxito nos exames dos quais participam. Neste livro, os exames ENEM e ENADE.

Bourdieu e Passeron (2014) destacam o papel do exame na seleção de estudantes, o que implica eliminação de uns e escolha de outros. Em nosso país, a exemplo do que ocorre em outras partes do mundo, as avaliações em larga escala são um fenômeno de relevância nos sistemas de educação básica e superior. Essa cultura está presente na educação brasileira desde a criação do Sistema Nacional de Avaliação da Educação Básica (SAEB), por conta dos exames internacionais aos quais a escola brasileira passou a ser submetida. No dizer dos autores,

> De fato, o exame não é somente a expressão mais legível dos valores e das escolhas implícitas do sistema de ensino: na medida em que ele impõe como digna da sanção universitária uma definição social do conhecimento e da maneira de manifestá-lo, oferece um de seus instrumentos mais eficazes ao empreendi-

> mento de inculturação da cultura dominante e do valor dessa cultura. (BOURDIEU; PASSERON 2014, p. 169-170).

Dilvo Ristoff, em artigo que discute a avaliação das IES no contexto de expansão da universidade e suas políticas de inclusão, critica o ENADE por figurar como protagonista da avaliação da qualidade dos cursos nas instituições superiores de ensino. Para o autor, o ENADE "deve retornar à sua posição de coadjuvante do sistema, podendo até ser um indicador a mais da avaliação de cursos em tempos de expansão, como previa uma das primeiras portarias do INEP em 2004, mas nunca o seu centro" (RISTOFF, 2019, p. 29), pois o exame sozinho não dá conta de avaliar a formação superior de uma pessoa.

Sobre as condições que formam um ser humano, assim se expressa Jessé de Souza, sociólogo e autor de *A elite do atraso*, em entrevista concedida ao jornal *O Globo*: "O filho da classe média pode se dedicar só ao estudo, é preparado desde cedo para ser vencedor. O filho da ralé já chega na escola como perdedor e a escola não é solução para tudo". E assevera:

> Quando a empregada deixa o almoço do filho da patroa pronto para ele estudar inglês em vez de preparar sua própria comida, esse jovem ou criança está usando seu tempo para reproduzir seu capital cultural. E a empregada, usando seu tempo para repetir sua condição social. (SOUZA, 2013, s/p).

A análise empreendida por Jessé de Souza, acerca das condições da maioria dos estudantes de nosso país, leva-o a concluir que o "filho da ralé" chega à escola como perdedor. O diálogo com Bourdieu, no entanto, nos permite alargar a conclusão: além de chegar como perdedor, o filho da ralé não tem condições plenas de aproveitar o que se lhe oferece na escola, e muito menos de recuperar o tempo perdido.

Os estudantes que fazem o ENEM precisam dispor de um capital cultural incorporado previsto no exame, a fim de terem bom resultado na prova e alcançarem uma nota de corte que lhes permita conquistar uma vaga no rol das universidades de mais prestígio e, assim, fazerem parte dos que vão lograr o melhor capital cultural institucionalizado.

Por outro lado, embora não dependam da nota para se formar, existe a obrigatoriedade de os alunos que estão concluindo a graduação fazerem o ENADE para que lhes seja conferido capital cultural institucionalizado através do diploma universitário. Portanto, eles não se formam sem prestar esta prova. Os alunos de universidades mal avaliadas pelo ENADE sofrem restrições no mercado de trabalho.

O ENEM é o primeiro passo na estrada que os estudantes vão percorrer para a conquista do capital cultural institucionalizado pelo diploma de graduação. Entre esses estudantes, estão os filhos das classes privilegiadas e os das classes populares. Ao ingressar na graduação, todos desejam transformar o diploma em capital econômico.

Entretanto, para os estudantes das classes populares, o diploma significa a oportunidade de mobilidade social. Não pretendo fazer uma discussão sobre as classes sociais, mas não se pode desconsiderar o fato de que a classe social de origem dos estudantes vai, na maioria dos casos, interferir em seu sucesso no ENEM e no percurso acadêmico.

Para dar conta desse aspecto, optei pelo estudo que Guilherme Castro (2014) realizou sobre a mobilidade de classe baseado em entrevistas com estudantes que ingressam na graduação da Universidade do Estado do Rio de Janeiro (UERJ). A tese do autor confirma que os alunos oriundos das classes populares têm avanços e ganhos após concluída a graduação e constata que a universidade funciona como alavanca para que a mobilidade social aconteça, uma vez que pode ampliar o capital cultural dos estudantes, transformando o diploma conquistado em capital econômico, evitando que retornem às condições originais de pobreza.

> Assim, como os contornos de uma classe social não se definem apenas por indicadores de caráter econômico-financeiros, e como fora desse espectro, mas em seu raio de interferência, se encontra a questão da elevação dos patamares de escolaridade da população, é possível estabelecer que pessoas que possuam escolaridade maior que a da geração que as antecede tenham maiores possibilidades de mobilidade social. (CASTRO, 2014, p. 18).

Até aqui, Castro corrobora empiricamente o pressuposto de Bourdieu. Mas o pesquisador prossegue: "No entanto, é preciso salientar que, sob o ponto de vista estritamente econômico, a mobilidade social não deve ser considerada um bem em si mesmo" (CASTRO, 2014, p. 18).

O destaque apresentado pelo pesquisador é digno de nota, pois se, por um lado, existe todo o esforço educacional para ampliar as ações do Estado através de políticas públicas que permitam a todos usufruir dos bens materiais e simbólicos que constituem a riqueza de uma nação, não se pode perder o foco na finalidade maior da educação, que é contribuir para a felicidade das pessoas, que não consiste apenas nos bens materiais.

Castro tempera o pessimismo do pensamento com o otimismo da vontade, e diz que, ao concluir o curso superior, os estudantes das classes populares inspiram as novas gerações a trilhar o mesmo caminho, evitando que continuem apenas ocupando vagas de pouco prestígio no mercado de trabalho, quando as encontram, com salários pouco atrativos. O autor afirma que

> Para além da questão da cidadania, a opção pela educação superior se constitui, por fim, como uma estratégia para dotar as novas gerações de uma formação que lhes permita enfrentar os desafios do futuro com autonomia científica e tecnológica, superando, com vistas ao desenvolvimento sustentável do país, uma tradição de mão de obra reprodutora, de segunda linha. Em outras palavras, tratava-se de mudar a perspectiva de futuro das classes populares, permitindo que ultrapassassem as fronteiras determinísticas de mão de obra barata e ocupassem espaços desde sempre reservados apenas para a elite. (CASTRO, 2014, p. 44).

A visão profética da referência acima se cumpre cada dia, cada ano, em cada escola, e mesmo em cada família. O processo de mudança pode ser lento, com um passo à frente, dois atrás, depois três à frente, até que construa uma nova hegemonia, que se inicia na escola.

Antes de concluir a abordagem das teorias sobre avaliação, destaco o posicionamento de Biesta sobre o Estudo Internacional de Tendências em Matemáticas e Ciências (*Trends in International Mathematics and Science Study*, TIMSS), o Estudo Internacional de Competência Leitora (*Progress in International Reading Literacy Study*, PIRLS) e o Programa Internacional de Avaliação de Estudantes (*Program for International Student Assessment*, PISA). Ao comentar as tendências dos sistemas de avaliação, declara:

> Conquanto se possa argumentar que tais sistemas por si mesmos medem somente o que já se encontra "aí", seu impacto real vai muito mais longe. Isto se deve ao fato de que muitos países tendem a ajustar as suas políticas e práticas em resposta, e de maneira antecipada, aos resultados de tais medições a fim de obter uma melhor posição nas classificações competitivas que criam esses sistemas. Portanto, não é somente o impacto de tais medições por si mesmas, mas a resposta a tais sistemas de medição comparativa, o que impulsiona as mudanças nas políticas educativas em nível nacional com o objetivo de ajustar-se aos "padrões" implícitos de tais sistemas. (BIESTA, 2018, p. 817-818).

Biesta aduz dois problemas sobre o que chama de "cultura da medição": o controle constante dos processos e práticas educativas e a criação de uma cultura competitiva que almeja sempre estar na frente dos outros. Sobre a cultura competitiva o autor diz que os resultados de ranqueamentos são assumidos com indicadores de

> [...] quem é melhor e quem é o melhor. Tais qualificações têm o propósito de proporcionar informação sobre o desempenho dos sistemas de educação nacionais em comparação com os de outros países. Portanto, costumam ter uma natureza competitiva, já que, afinal de contas, somente pode haver um "número um". (BIESTA, 2018, p. 818).

Biesta corrobora o que nomeio de alargamento de objetivos das avaliações ENEM e ENADE, à medida que os resultados desses exames se transformam em *ranking* de escolas de ensino médio e universidades para saber "quem é melhor" e "quem é o melhor". Corrobora também Bourdieu e Passeron (2014) que afirmam que o exame é um empreendimento de inculturação da cultura dominante e de seu valor.

Nessa disputa, os dados gerados pelas avaliações em larga escala criam classificações que identificam "escolas fracassadas" e "docentes fracassados", criando um clima propício para "assinalar a vergonha" e "culpar sujeitos pelo que frequentemente é o resultado de interações complexas de uma ampla gama de aspectos estruturais que se encontram além do controle de cada sujeito que atua como docente ou das próprias escolas" (BIESTA, 2018, p. 818).

Na escola há "uma tensão entre a necessidade de atender às demandas da sociedade e a necessidade de preservar-se destas" (BIESTA; PICOLI, 2018, p. 22). Na universidade essa tensão também existe. Entre as demandas mencionadas pelo autor, está o modo como lidamos com as avaliações em larga escala que norteiam os currículos da educação básica e da superior. Segundo o autor,

> Educação, em outras palavras, nunca é apenas para qualificar crianças e jovens e oferecer-lhes um lugar particular na sociedade. A capacidade de assumir uma perspectiva crítica para com tradições, práticas, modos de fazer e de ser existentes, também se dá após sua saída da escola. (BIESTA; PICOLI, 2018, p. 24).

A mensuração dos resultados não pode se restringir apenas a elaboração de tabelas classificatórias, pois a escola nunca é apenas para qualificar crianças e jovens. A universidade também não o é.

1.2 Análise de conteúdo

Com a finalidade de analisar criticamente o conteúdo de questões das provas de linguagens códigos e suas tecnologias do ENEM e de formação geral do ENADE, o *corpus* foi examinado forma assistemática, destacando as questões das provas que mais interessavam para alcançar o objetivo de analisar em que termos o capital cultural presente nas questões das avaliações, contribui para a manutenção das desigualdades socioeconômicas e culturais. Para fazer o recorte das questões a serem analisadas, foram selecionadas competências e habilidades[3] nas provas do ENEM e questões de formação geral nas provas do ENADE.

O procedimento analítico do *corpus* é o proposto por Laurence Bardin (2011) que se organiza em três polos cronológicos: 1) a pré-análise; 2) a exploração do material; 3) o tratamento dos resultados, a inferência e a interpretação (BARDIN, 2011).

Bardin (2011) orienta que a pré-análise possui três missões: "a escolha dos documentos a serem submetidos à análise, a formulação das hipóteses e dos objetivos e a elaboração de indicadores que fundamentam a interpretação final" (BARDIN, 2011, p. 125). Essa orientação foi acatada para definir o *corpus* que analisei.

Ainda sobre a fase da pré-análise, a autora assevera que "desde a pré--análise devem ser determinadas *operações de recorte do texto* em unidades comparáveis de *categorização* para análise temática e de modalidade de *codificação* para registro de dados" (BARDIN, 2011, p. 130). Segui a afirmação de Bardin para fazer o recorte das questões e estabelecer as categorias de análise que se concentrou nas descritas na figura 1.

Figura 1 – Categorias de análise

Categorias de análise
I.   papel do raciocínio lógico;
II.   papel do conteúdo;
III.   papel da experiência da cidadania.

Fonte: a autora

---

[3] As competências e habilidades serão listadas no capítulo da análise das questões.

Votre (2019) apresenta a análise de conteúdo como ferramenta que por se preocupar com a "depreensão dos conteúdos manifestos supõe leitura atenta dos textos a serem analisados" e "sua orientação para o trabalho com a inferência favorece a busca de sentido implícito". À vista disso, o *corpus* foi explorado, aplicando sistematicamente as decisões tomadas na pré-análise. No tratamento dos resultados, foram propostas inferências e interpretações do *corpus* analisado, a fim de verificar a validade da hipótese levantada e apresentar descobertas inesperadas (BARDIN, 2011).

Para os estudos sobre discurso, tomei como base o que postula Fairclough (2016) que ao usar termo discurso propõe "considerar o uso de linguagem como forma de prática social e não como atividade puramente individual ou reflexos de variáveis situacionais". O autor postula que:

> O discurso contribui para a constituição de todas as dimensões da estrutura social que, direta ou indiretamente, o moldam e o restringem: suas próprias normas e convenções, como também relações, identidades e instituições que lhe são subjacentes. O discurso é uma prática, não apenas de representação do mundo, mas de significação do mundo, constituindo e construindo o mundo em significado. (FAIRCLOUGH, 2016, p. 95).

Na investigação, procedi a análise composicional, examinando como uma prática discursiva revela uma prática social (FAIRCLOUGH, 2016), a fim de avaliar se as questões analisadas indiciam o *ethos* da classe hegemônica.

Recorri a Malmberg (1971), que considera "um dos maiores méritos da língua: o de ter criado uma sinopse intelectual da multiplicidade" (p. 167) e que um nome une aspectos diferente de um mesmo objeto. O autor afirma também que "uma palavra desperta normalmente no homem um grande número de representações e de associações secundárias que vêm ajuntar-se à significação básica e que dependem do contexto e das experiências de cada um" (p. 169), uma vez que para ler as questões, é necessário que os estudantes conheçam o contexto do tema e conteúdo avaliados, ou que as questões do exame ofereçam um suporte que contextualize o que está sendo avaliado.

Para colaborar com a análise dos textos, enunciados e as alternativas das questões também utilizei o conceito de análise crítica do discurso, de Luisa Martin Rojo (2004). A autora afirma que construções discursivas legitimam, refletem e reforçam diferenças sociais. A proposta é estender, para o campo acadêmico, o que a autora postula para análise da imigração. O aluno pobre é um imigrante sem prestígio ao se preparar para o ENEM.

A autora, por meio de análise de discursos jornalísticos publicados durante oito anos na Espanha, identificou "duas posições fundamentais que articulam a maioria dos discursos sobre a imigração" (p. 223). Identificou também que essas posições se reproduzem frequentemente nos meios de comunicação, nas assembleias municipais e estaduais, nos discursos das ONGs e dos movimentos sociais. Essas posições sobre os imigrantes estão presentes no cotidiano. Sobre a escolha dos textos para análise, a autora diz

> [...] queremos estimular a reflexão sobre as possíveis implicações sociais desse processo de construção discursiva. Com esse fim, selecionamos discursos socialmente relevantes (nesse caso de jornais e de parlamentares) sobre a imigração, e a partir deles nos perguntaremos até que ponto eles podem contribuir para a continuidade das diferenças sociais e do funcionamento de estruturas e mecanismos de exclusão e de dominação. (ROJO, 2004, p. 207).

A pergunta que faço é a mesma da autora: até que ponto os exames contribuem para a continuidade das diferenças? Aos recursos linguísticos e estratégias discursivas incorporam-se a presença do enunciador, seus pontos de vista, suas atitudes, seus valores, construindo um discurso de representação específica das relações sociais (ROJO, 2004)

No caso das provas, o enunciador se apresenta impessoal e objetivo, centrado na letra fria das respostas, dando à prova uma feição meritocrata, que difunde a ideia de que apenas aqueles que se esforçaram muito, superando toda e qualquer dificuldade, conseguirão conquistar as vagas nas universidades de mais prestígio. Difunde-se também a falsa ideia de que os outros, independentemente das adversidades financeiras, alimentares, logísticas, culturais, não se esforçaram o suficiente para conquistar o prêmio da vaga na universidade.

2

LEGISLAÇÃO E DOCUMENTOS DE SUPORTE ÀS AVALIAÇÕES EM LARGA ESCALA

Você tem fome de quê?
Você tem sede de quê?
(Comida – Marcelo Fromer / Arnaldo Antunes / Sergio Britto)

A principal esperança da sociedade brasileira é a educação, porque abre portas para o desenvolvimento individual do cidadão, contribui para a formação de pessoas mais tolerantes e conscientes de seus direitos e deveres, e provoca transformações positivas nas expectativas da sociedade. Em virtude disso, o debate sobre uma escola planejada para proporcionar ensino de qualidade, que respeite a heterogeneidade e a individualidade dos membros da comunidade escolar e assegure uma educação equitativa para todos deve fazer parte das pautas de políticas públicas para a educação brasileira.

As políticas públicas de educação têm como objetivo colocar em prática ações que assegurem os direitos constitucionais da população, e, em razão disso, devem avaliar, e colaborar com a melhora da qualidade do ensino do país. Secchi (2010, p. 2) assevera que política pública "é uma diretriz elaborada para enfrentar um problema público" que se estabelece com objetivo do "tratamento ou a resolução de um problema entendido como coletivamente relevante". O autor afirma:

> A essência conceitual de políticas públicas é o problema público. Exatamente por isso, o que define se uma política é ou não pública é a sua intenção de responder a um problema público, e não se o tomador de decisão tem personalidade jurídica estatal ou não estatal. São os contornos da definição de um problema público que dão à política o adjetivo "pública". (SECCHI, 2016, p. 4).

O ENEM e o ENADE, avaliações que são investigadas neste livro, se constituem em um problema público.

Villardi (2019) discute a importância do planejamento das políticas públicas a curto e a longo prazo e diz que

> [...] a relevância social e a abrangência de certas questões – que se tornam objetos de políticas públicas – expressa aquilo que determinada sociedade pactua como direito do cidadão. Assim, as políticas públicas constituem o conjunto de planos e ações desenvolvidos pelo Estado, em determinado momento, com o objetivo de assegurar um direito do cidadão. (VILLARDI, 2019, p. 52).

É consenso que educação é um direito de todos. Em função disso, a educação gera legítimas expectativas nos cidadãos em relação ao acesso a um ensino equânime e emancipador. Por isso, as políticas públicas de educação precisam colaborar para que, por meio da educação, as pessoas avancem social e economicamente.

Villardi também afirma que

> [...] as políticas públicas precisam englobar tanto direitos universais quanto direitos específicos, objetivando o bem-comum e o interesse público; exigem, portanto, o compartilhamento de responsabilidades dos diferentes entes públicos, demandando, em contrapartida, participação e acompanhamento constantes dos diferentes entes sociais. (VILLARDI, 2019, p. 53).

Neste capítulo apresento e comento as leis brasileiras e os principais documentos nacionais e internacionais que orientam a educação brasileira. Neles são traçados os perfis e os rumos das avaliações em larga escala, com a elaboração de ferramentas de mensuração do desempenho das redes pública e privada no contexto educacional brasileiro. Também pretendo trilhar o caminho pelo qual, através das políticas públicas, as avaliações em larga escala, no nosso caso o ENEM e o ENADE, foram implementadas na educação básica e na universidade brasileira.

O Brasil, que teve sua primeira Instituição de Ensino Superior há pouco mais de dois séculos (1808), vem envidando esforços para atingir uma educação de qualidade e equitativa. Nossas Leis de Diretrizes e Bases da Educação (LDB) refletem o esforço para que tenhamos uma educação que acolha estudantes das classes menos favorecidas e promova políticas de permanência desses estudantes tanto na educação básica, quanto na universidade, com vistas à felicidade pessoal e à realização profissional.

Portanto, os conteúdos, o papel das avaliações e as representações sobre essas avaliações contemplam questões que merecem análise e interpretação.

O pressuposto é que essas questões variem conforme o projeto político e a matriz político-ideológica dos Estados, em relação à educação. Sendo assim, o propósito dos Estados pode variar entre formar pessoas para ler, escrever e contar, e formar para trabalhar com tecnologias avançadas. O objetivo da educação vai matizar as repostas.

A educação é a base para o desenvolvimento de uma sociedade melhor e mais justa, mais democrática, menos desigual (BANCO MUNDIAL, 2020).

Vários momentos foram decisivos para chegarmos aos moldes educacionais que o Brasil apresenta hoje. Frente às controvérsias, as reformulações, principalmente no universo da educação básica, avançam a fim de ampliar o acesso de todos ao conhecimento oferecido pela educação formal.

2.1 Legislação nacional

As LDBs são leis que estruturam o sistema educacional brasileiro, tanto na esfera privada quanto na pública, estabelecendo marcos sobre os quais vão se organizar as políticas públicas de educação. A necessidade de uma lei para "traçar as diretrizes da educação nacional" foi prenunciada na Constituição de 1934 (Art. 5º, XV) apesar disso, a primeira LDB brasileira foi promulgada efetivamente em 1961. Entretanto, com a finalidade de atender à ideologia desenvolvimentista adotada pelo governo militar, em 1968 ocorreu a reforma do ensino universitário e em 1971 a reforma da educação básica. As universidades tinham autonomia para decidir sobre as determinações que governo militar apresentou na reforma do ensino superior. À educação básica cabia cumprir o determinado na reforma de 1971. Em 1996, foi promulgada nova LDB, adequada aos princípios presentes na Constituição Federal de 1988, que afirma o direito de todos à educação

> Art. 205. A educação, direito de todos e dever do Estado e da família, será promovida e incentivada com a colaboração da sociedade, visando ao pleno desenvolvimento da pessoa, seu preparo para o exercício da cidadania e sua qualificação para o trabalho.

Assim, ao longo das últimas décadas pode-se perceber a construção de um sistema educacional que vai se moldando, apresentando concepções de educação e de sociedade que variam de acordo com as diferentes épocas, de modo que o sistema que temos hoje reflete escolhas realizadas no passado

Dito isso, apresentamos o histórico da criação das LDBs a fim de, com o suporte nessas leis promulgadas, compreender as bases em que o ensino brasileiro foi se moldando.

2.1.1 A legislação anterior à LDB 9394/1996

A LDB 4.024/1961 representou um avanço para a educação brasileira. Antes disso, a educação era ancorada no que estabelecia o texto constitucional (1946). A Constituição não determinava princípios curriculares, por isso era necessário que fosse promulgada uma lei que regulamentasse os artigos que se dedicavam à educação presentes em nossa Carta Magna; esse foi o papel de nossa primeira LDB.

Em seu capítulo II, título VI, o texto constitucional de 1946 dedicou nove artigos a Educação e Cultura, entre eles destacamos:

> Art. 166 - A educação é direito de todos e será dada no lar e na escola. Deve inspirar-se nos princípios de liberdade e nos ideais de solidariedade humana.
>
> Art. 167 - O ensino dos diferentes ramos será ministrado pelos Poderes Públicos e é livre à iniciativa particular, respeitadas as leis que o regulem.
>
> Art. 168 - A legislação do ensino adotará os seguintes princípios:
>
> I - o ensino primário é obrigatório e só será dado na língua nacional;
>
> II - o ensino primário oficial é gratuito para todos; o ensino oficial ulterior ao primário sê-lo-á para quantos provarem falta ou insuficiência de recursos;
>
> III - as empresas industriais, comerciais e agrícolas, em que trabalhem mais de cem pessoas, são obrigadas a manter ensino primário gratuito para os seus servidores e os filhos destes;
>
> IV - as empresas indústrias e comerciais são obrigadas a ministrar, em cooperação, aprendizagem aos seus trabalhadores menores, pela forma que a lei estabelecer, respeitados os direitos dos professores;
>
> V - o ensino religioso constitui disciplina dos horários das escolas oficiais, é de matrícula facultativa e será ministrado de acordo com a confissão religiosa do aluno, manifestada por ele, se for capaz, ou pelo seu representante legal ou responsável;
>
> VI - para o provimento das cátedras, no ensino secundário oficial e no superior oficial ou livre, exigir-se-á concurso de títulos e provas. Aos professores, admitidos por concurso de títulos e provas, será assegurada a vitaliciedade;
>
> VII - é garantida a liberdade de cátedra.

No capítulo II da Constituição de 1946, está o suporte para a primeira legislação criada com o objetivo de regularizar o sistema de ensino do país.

> A primeira LDB, a Lei 4.024/61, tramitou durante 13 anos no Congresso Nacional, com alterações, mudanças, remendos, recuperações... idas e vindas, tensões e pressões que revelam, ao longo do tempo, diferentes concepções de escola e de sociedade. O projeto, elaborado por uma comissão majoritariamente progressista, sofreu ataques de forças conservadoras, e, chegando ao Congresso, os embates impuseram novas alterações, preservando-se, no entanto, o ponto fulcral do projeto: a defesa da escola pública. (VILLARDI, 2019, p. 58).

Em seus 120 artigos, a LDB 4024/1961 regulamentou o Conselho Federal de Educação e os Conselhos Estaduais de Educação, determinou formação mínima exigida para professores e estabeleceu o ensino religioso como facultativo.

Estabeleceu que ao Conselho Federal de Educação cabia, entre outras atribuições, "manter intercâmbio com os conselhos estaduais de educação" e "analisar anualmente as estatísticas do ensino e dos dados complementares" (Art. 9º, *caput*, alínea p e q). Essa parte da lei, embora não tivesse foco explícito em avaliações que medissem o desempenho acadêmico dos estudantes brasileiros, determinou a necessidade de acompanhamento anual do ensino nacional e a análise de suas estatísticas e seus dados complementares.

A 4024/1961, além de ter definido e regulamentado a educação no Brasil, indicava já em seu Art. 1º a educação como caminho para o exercício consciente da cidadania, o respeito às liberdades fundamentais do homem, a solidariedade internacional, o domínio dos recursos científicos e tecnológicos com a finalidade de vencer as dificuldades do meio, a preservação e expansão de nosso patrimônio cultural e a condenação a qualquer tipo de preconceito.

Enquanto a 4024/61 concebia um projeto de educação apoiado nos ideais de liberdade e solidariedade, com atenção na formação de cidadãos que fossem capazes de assegurar o cumprimento de seus direitos, nos textos das leis que a alteravam as palavras liberdade e solidariedade não aparecem. Apesar de ampliar a obrigatoriedade do ensino básico de quatro para oito anos, a Lei 5692/71 não fazia qualquer referência a uma educação que objetivasse o exercício consciente da cidadania.

Saviani (2019) relata que a ruptura política levada a efeito pelo golpe militar de 1964 implicou mudanças na legislação que regulava o setor educacional. O autor diz ainda que o governo militar não considerou necessário editar por completo nova LDB. As leis visaram ajustar o ensino superior e o ensino básico ao novo quadro político e garantir e dinamizar a ordem socioeconômica.

Na educação básica, tal ajuste foi feito através da Lei 5692/1971 que reformou o ensino fundamental (primeiro grau) e o ensino médio (segundo grau). A reforma que resultou na 5692/71 alterou consideravelmente a estrutura do ensino que estava em vigor. Seu primeiro artigo, além de dividir a educação básica em primeiro e segundo graus, já deixava claro que um dos focos da educação básica fosse o trabalho. O artigo estava assim formulado

> Art. 1º. O ensino de 1º e 2º graus tem por objetivo geral proporcionar ao educando a formação necessária ao desenvolvimento de suas potencialidades como elemento de autorrealização, qualificação para o trabalho e preparo para o exercício consciente da cidadania.

A proposta era uma formação técnica, para o trabalho, que seria oferecida no segundo grau (hoje ensino médio), conforme a necessidade do mercado, como se vê no Art. 5º:

> § 2º A parte de formação especial de currículo:
>
> a) terá o objetivo de sondagem de aptidões e iniciação para o trabalho, no ensino de 1º grau, e de habilitação profissional, no ensino de 2º grau;
>
> b) será fixada, quando se destina a iniciação e habilitação profissional, em consonância com as necessidades do mercado de trabalho local ou regional, à vista de levantamentos periodicamente renovados.

A ideia de formar uma força de trabalho para atender às necessidades do mercado é confirmada por Brandão (2007), para quem a educação produz crenças e ideias, e cria homens segundo a necessidade de uma sociedade: guerreiros ou burocratas são criados pela escola.

A fim de focalizar o segundo grau profissionalizante, a Lei 5692/71 autorizava as empresas a trabalhar em regime de cooperação para as habilitações profissionais, mas o estágio não acarretava vínculo de emprego, ainda que o aluno fosse remunerado (Art. 6°), o que protegia as empresas de processos trabalhistas.

O "milagre econômico"[4] foi o argumento usado pelo presidente Emílio Garrastazu Médici para aprovar a reforma do ensino que determinava

---

[4] De 1967 a 1973, o Brasil alcançou taxas médias de crescimento muito elevadas e sem precedentes, que decorreram em parte da política econômica então implementada principalmente sob a direção do Ministro da Fazenda Antônio Delfim Neto, mas também de uma conjuntura econômica internacional muito favorável. Disponível em: http://www.fgv.br/cpdoc/acervo/dicionarios/verbete-tematico/milagre-economico-brasileiro. Acesso em: 14 fev. 2021.

segundo grau profissionalizante. A expectativa era que uma industrialização acelerada traria crescimento ao país. Por esse motivo, o país precisava de trabalhadores, defendia o presidente (BRASIL, 2017).

O ensino profissionalizante gestado no governo Médici propunha que a terminalidade dos estudos fosse no segundo grau, quando o estudante estaria capacitado para ingressar no mercado de trabalho, mas tal proposta não se sustentou. As escolas e os governos estaduais enfrentaram dificuldades para a implantação do ensino profissionalizante. Não havia professores habilitados para os cursos propostos, muitas das escolas tinham instalações precárias e não estavam equipadas para oferecer a formação profissional compulsória, conforme o governo federal planejara.

Cunha assevera que,

> Além da dimensão discriminatória da profissionalização no Ensino de Segundo Grau, a política educacional da ditadura continha outro componente nefasto: a incongruência entre esse nível e o Ensino Superior. Com efeito, a reforma universitária de 1968 trouxe a novidade da divisão dos cursos de graduação em dois ciclos: o básico, comum a grupos de cursos afins, e o profissional, no qual se daria a especialização profissional. (CUNHA, 2017, p. 374).

Essa incongruência, que afastava os concluintes do segundo grau do ensino superior, indica que o curso profissionalizante compulsório foi implementado também com o objetivo de resolver a escassez de vagas no ensino superior, distanciando ainda mais o ingresso na universidade dos estudantes das camadas vulneráveis da população no ensino superior.

Acabamos voltando à reforma universitária que havia ocorrido em 1968 e precisava responder a duas exigências contraditórias: por um lado, a demanda de estudantes e de professores que reivindicavam, entre outros tópicos, mais verbas e mais vagas, a fim de ampliar o raio de ação da universidade; por outro, as demandas dos grupos ligados ao regime militar, que buscavam vincular o ensino superior aos mecanismos do mercado para atender às exigências do capitalismo internacional (SAVIANI, 2017).

A reforma da educação básica e a do ensino superior convergiam para um mesmo ponto: o acesso ao ensino superior. A Lei 5692/71 almejava, com seu ensino profissionalizante compulsório, a terminalidade dos estudos e a formação precoce de uma força de trabalho. A expansão das vagas na universidade "[...] se deu pela abertura indiscriminada, via autorizações do

Conselho Federal de Educação, de escolas isoladas privadas [...]" (SAVIANI, 2017, s/p), o que não representou avanço em termos de acesso democrático ao ensino superior.

Apesar de as reformas não terem representado avanço substancial no acesso ao ensino superior, a lei de 1971 tornou obrigatório o ensino do primeiro grau dos 7 aos 14 anos (Art. 20) e criou o supletivo, direcionado a jovens e adultos que não tivessem concluído ou frequentado o curso na idade própria. Esses são pontos positivos pois deram um passo importante ao acesso de brasileiros à escola. Nos termos da lei em seu capítulo II:

> Art. 17 O ensino de 1º grau destina-se à formação da criança e do pré-adolescente, variando em conteúdo e métodos segundo as fases de desenvolvimento dos alunos. Art. 18º O ensino de 1º grau terá a duração de oito anos letivos e compreenderá, anualmente, pelo menos 720 horas de atividades.

> [...] Art. 20 O ensino de 1º grau será obrigatório dos 7 aos 14 anos, cabendo aos Municípios promover, anualmente, o levantamento da população que alcance a idade escolar e proceder à sua chamada para matrícula.

E em seu capítulo IV:

> Art. 24 O ensino supletivo terá por finalidade:

> a) suprir a escolarização regular para os adolescentes e adultos que não a tenham seguido ou concluído na idade própria;

> b) proporcionar, mediante repetida volta à escola, estudos de aperfeiçoamento ou atualização para os que tenham seguido o ensino regular no todo ou em parte.

A elevação da escolaridade obrigatória de quatro para oito anos foi um passo decisivo rumo à democratização do ensino público e à diminuição das taxas de analfabetismo no Brasil. Os dados do recenseamento do Instituto Brasileiro de Geografia e Estatística (IBGE) em 1970 apresentam os seguintes percentuais de alfabetizados por faixa etária e fazem uma comparação entre as décadas de 1940 e 1970. O recenseamento considerou como alfabetizadas as pessoas capazes de ler e escrever um bilhete simples.

Tabela 2 – Recenseamento geral – 1970 – Pessoas que sabem ler e escrever

VIII – RECENSEAMENTO GERAL - 1970 - TAXA DE ALFABETIZAÇÃO, POR GRUPOS DE IDADE, SEGUNDO OS RECENSEAMENTOS GERAIS DE 1940, 1950, 1960 E 1970											
GRUPOS DE IDADES	PESSOAS QUE SABEM LER E ESCREVER										
	1°-IX-1940			1°-VII-1940			1°-IX-1960			1°-IX-1970		
	Total	Homens	Mulheres	Total	Homens	Mulheres	Total	Homens	Mulheres	Total	Homens	Mulheres
5 anos e mais	38,30	42,31	34,11	42,66	46,04	39,33	53,57	56,14	51,03	61,56	63,21	59,94
10 anos e mais	43,04	48,15	37,99	48,35	52,62	44,17	60,63	64,03	57,30	67,95	70,25	65,70
15 anos e mais	43,78	50,18	37,48	49,31	54,70	44,06	60,52	64,90	56,24	66,89	70,02	63,85
5 a 9 anos	13,80	13,47	14,13	13,02	12,60	13,45	19,71	19,26	20,17	29,87	29,13	30,63
10 a 14 anos	39,75	39,26	40,26	43,73	42,78	44,68	61,13	59,97	62,28	72,89	71,32	74,47
15 a 19 anos	45,39	46,17	44,51	52,71	52,65	52,77	66,59	65,83	67,29	77,04	75,61	78,39
20 a 29 anos	46,17	51,59	41,04	53,24	57,38	49,36	66,10	69,18	63,24	72,43	73,89	71,06
30 a 39 anos	45,39	53,97	36,70	50,23	57,10	43,36	62,41	67,87	57,06	67,97	72,12	63,93
40 a 49 anos	41,64	50,77	31,76	46,30	54,75	37,35	55,69	62,40	48,64	62,08	67,53	56,52
50 e mais e idade ignorada	37,25	46,60	28,11	39,83	49,04	30,71	47,47	56,28	38,39	51,39	58,97	43,86

Fonte: IBGE, 1970

Os dados da Tabela 2 estão representados no Gráfico 2, a seguir.

Gráfico 2 – Recenseamento geral – 1970 – Pessoas que sabem ler e escrever

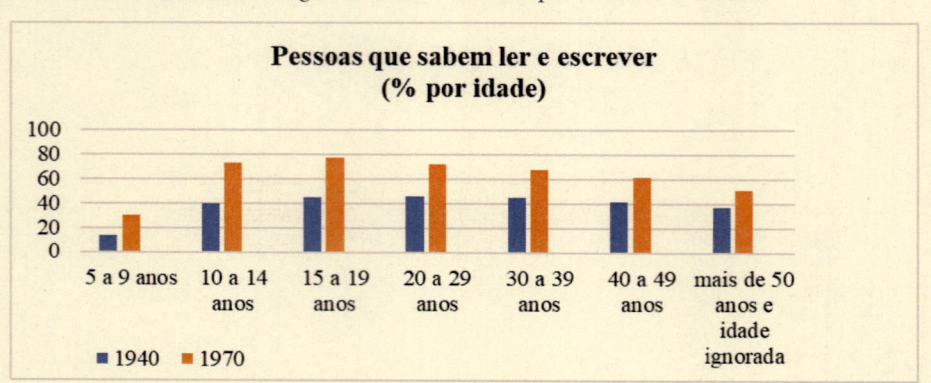

Fonte: IBGE, 1970

Conforme mostram a Tabela 2 e o Gráfico 2, os percentuais de pessoas alfabetizadas cresceram no período de 1940 a 1970. Entretanto, esse crescimento precisava avançar muito mais, uma vez que o Brasil estava no período conhecido como "Milagre Econômico". Era necessário não só aumentar o número de pessoas alfabetizadas, como também aumentar o tempo mínimo de escolaridade, para que a educação colaborasse com o projeto de país que os militares estavam construindo, em sintonia com as diretrizes do Banco Mundial. A Lei 5692 serviria a esse propósito.

> O BM começou a atuar na área de educação nos anos 1960 e, desde então, houve adaptações no seu discurso a respeito dela. Vinculou-a ora à formação de mão de obra, ao combate à pobreza e ao controle demográfico, ora ao desenvolvimento humano e à sociedade do conhecimento, sem, no entanto, jamais vê-la como um direito. Permanente foi a sua crença de que a educação e a economia são e devem ser conectadas. (MELLO, 2014, p. 153).

Os financiamentos do BM para a educação brasileira começaram nos anos 1970 (MELLO, 2014).

Fiel a tal perspectiva, a 5692/71 tornou obrigatória a matrícula de crianças e adolescentes dos 7 aos 14 anos e aumentou a permanência na escola de estudantes oriundos das classes populares. Os alunos vindos das classes populares que chegavam à escola não tinham incorporado o mesmo tipo capital cultural dos filhos da classe média. Estes já acumulavam mais anos na escola antes da obrigatoriedade estabelecida em 1971 e a sua permanência nos bancos escolares não era uma novidade. Além de construção de novos prédios para abrigar esses estudantes que chegavam às escolas de primeiro grau, era necessário também aperfeiçoar o modo como a escola ensinava e, sobretudo, redefinir e ampliar o que era ensinado.

Para orientar o currículo da escola concebida pela 5692, o Conselho Federal de Educação definia as matérias do núcleo comum; já a parte diversificada, que tinha o objetivo de atender às especificidades das regiões, seria incluída no currículo após a aprovação dos Conselhos Estaduais de Educação (Art. 4°, § 1°, incisos I, II, III). As disciplinas Educação Moral e Cívica, Educação Física, Educação Artística e Programas de Saúde foram incluídas nos currículos plenos (Art. 7°). A orientação educacional e o aconselhamento vocacional também foram instituídos como obrigatórios. Deveriam acontecer em cooperação com professores, família e comunidade (Art. 10).

A avaliação do rendimento escolar ficaria unicamente a cargo dos estabelecimentos de ensino. O aspecto qualitativo deveria preponderar sobre o quantitativo, e o aluno que não atingisse o aproveitamento suficiente poderia obter aprovação mediante estudos de recuperação, proporcionados obrigatoriamente pela escola (Art.14, § 1º e 2º). A 5692 não faz menção a avaliações do sistema de ensino brasileiro.

A educação deveria ser promovida e incentivada pela União, pelos estados e municípios, pelas empresas, família e comunidade, e todos deveriam responder solidariamente pelo cumprimento do preceito constitucional da obrigatoriedade escolar (Art. 41 e 42).

A Lei 5692/1971 que concebeu a "profissionalização universal e compulsória no ensino de 2º grau não era defendida por uma corrente de pensamento expressiva dentro nem fora do MEC. Nenhum país do mundo a praticava, tampouco era proposta pelos organismos internacionais" (CUNHA, 2014, p. 918). Cunha diz ainda que:

> A profissionalização universal e compulsória no ensino de 2º grau suscitou adesões e rejeições. Para uns, esse nível de ensino passaria a ter uma finalidade própria, ultrapassando o papel de mero preparatório para os cursos superiores. Para outros, entretanto, a reforma contrariava seus interesses. (CUNHA, 2014, p. 922).

A incongruência da política de profissionalização universal e compulsória do segundo grau foi flagrante (CUNHA, 2014), em função disso as limitações da Lei 5692/71 fizeram com que a reforma do segundo grau passasse por novas interpretações e outras reformas a fim de reorientar o ensino profissionalizante.

2.1.2 A LDB 9394/1996

O fim dos governos militares no Brasil se deu em meados da década de 1980 (1984-1985). Contudo, a lei que os profissionais de educação e sociedade desejavam só foi promulgada em 1996, onze anos após o fim da ditadura militar.

Antes da promulgação da LDB 9394/1996, educadores e associações docentes promoveram encontros para manifestar o tipo de educação que esperavam que a nova lei promovesse. Um desses encontros foi a IV Conferência Brasileira de Educação, realizada de 02 a 05 de setembro de 1986, em Goiânia. Do evento resultou a *Carta de Goiânia*, documento que apresentava proposta para o capítulo dedicado à educação da nova Carta Constitucional que estava sendo gestada, uma vez que o Brasil estava em processo de redemocratização.

Na *Carta de Goiânia,* lia-se que em decorrência de políticas governamentais incapazes de promover a justiça social, o país continuava convivendo com problemas crônicos referentes à universalização e qualidade do ensino. O documento também destacou que os seguintes dados revelavam a situação da educação no país:

> [...] mais de 50% de alunos repetentes ou excluídos ao longo da 1ª série do ensino de 1º Grau;
>
> cerca de 30% de crianças e jovens na faixa dos 7 aos 14 anos fora da escola;
>
> 30% de analfabetos adultos, e numeroso contingente de jovens e adultos sem acesso à escolarização básica;
>
> 22% de professores leigos;
>
> precária formação e aperfeiçoamento profissional dos professores de todo o país;
>
> salários aviltados em todos os graus de ensino. (Carta de Goiânia, 1986).

Com base na *Carta de Goiânia*, podemos avaliar que a educação, enquanto esteve sob o comando dos governos militares, avançou pouco e não conseguiu fazer ecoar o verso da propaganda institucional do governo federal que dizia em 1976 "esse é um país que vai pra frente". Dez anos após a Conferência de Goiânia, a atual LDB foi promulgada.

A LDB 9394/96 recomenda no seu primeiro artigo que "a educação escolar deverá vincular-se ao mundo do trabalho e à prática social" (§ 2°).

Nos Art. 2° e 3°, a Lei 9394/96 estabelece que a educação deve ser baseada nos princípios de liberdade, nos ideais de solidariedade humana, em igualdade de condições, tendo por objetivo o pleno desenvolvimento do educando para a cidadania e para o trabalho. As palavras liberdade, solidariedade e o espírito de educação democrática voltam a aparecer na LDB brasileira.

Em 2008 a Lei 12.061 universalizou o ensino médio e em 2013, a Lei 12.796 alargou a educação básica para a faixa etária dos 4 aos 17 anos.

Segundo o Art. 9°, a União deverá, em colaboração com os Estados, o Distrito Federal e os Municípios, elaborar o Plano Nacional de Educação, os currículos e seus conteúdos mínimos, de modo a assegurar formação básica comum e estabelecer um processo nacional de avaliação do rendimento escolar no ensino fundamental, médio e superior, objetivando a definição de prioridades e a melhoria da qualidade do ensino. Esse artigo da LDB ampara e acolhe criação de um sistema brasileiro de avaliações em larga escala, refletindo o que foi pactuado na *Declaração Mundial sobre Educação para Todos - Conferência de Jomtien* (1990) (DJ) e na *Declaração de Nova Delhi sobre Educação para Todos* (1993) (DND) das quais o Brasil é signatário.

Para dar sustentação a tal determinação legal, foram instituídos sistemas de avaliação em larga escala, entre os quais se destacam o ENEM e o ENADE.

O ENEM foi instituído pela portaria 438 do MEC, de 28/5/1998, que determina no Art. 1° os objetivos da avaliação, no Art. 2° a estrutura do exame, no Art. 3° a periodicidade da prova e no Art. 4° a responsabilidade do INEP de planejamento e a operacionalização do exame.

A Lei 10861 instituiu o Sistema Nacional de Avaliação da Educação Superior (SINAES) e estabelece, em seu Art. 5°, o ENADE como avaliação em larga escala do ensino superior.

A 9394/96 define os papéis de todos os envolvidos na educação e trata o ensino médio como uma etapa final da educação básica, que deverá consolidar e aprofundar os conhecimentos adquiridos no ensino fundamental (Art. 35). Sobre preparar o estudante profissionalmente no ensino médio, versa que "poderá prepará-lo para o exercício de profissões técnicas" (Art. 36 § 2°).

No Art. 26, a lei indica a necessidade de um núcleo comum, apesar de as redes de ensino terem liberdade de organização

> Art. 26 Os currículos da educação infantil, do ensino fundamental e do ensino médio devem ter base nacional comum, a ser complementada, em cada sistema de ensino e em cada estabelecimento escolar, por uma parte diversificada, exigida pelas características regionais e locais da sociedade, da cultura, da economia e dos educandos.

A LDB 9394/96 tem importância crucial nas transformações ocorridas na educação brasileira desde a sua promulgação. É a lei que amplia os direitos educacionais e a autonomia de ação das redes públicas, das escolas e dos professores e deixa mais claras as atribuições do trabalho docente. Além disso, estabelece que o foco deve ser o preparo do educando; a lei apresenta, entre os princípios sob os quais o ensino deve ser ministrado, a "liberdade de aprender, ensinar, pesquisar e divulgar a cultura, o pensamento, a arte e o saber" (Art. 2°) deslocando o foco do ensino para a aprendizagem.

A lei incorpora os princípios da Constituição Cidadã de 1988 e acolhe as orientações pedagógicas de seu principal elaborador, o antropólogo e educador Darcy Ribeiro. Abre espaço para a diversidade cultural e étnica, indispensáveis num país continental, em que a miscigenação é a marca do povo. Os princípios em que se apoia a lei privilegiam igualdade de condições para o acesso e para o ensino-aprendizagem e oferecem garantia de que todos serão tratados com igualdade, independentemente de seus sistemas de crenças, orientações e práticas.

O texto da LDB 9394/96 também repercute os objetivos de DJ e de DND no que tange a uma educação democrática e inclusiva.

Até aqui comentei as LDBs promulgadas no Brasil com o objetivo de, com base na leitura das leis, avançar na compreensão de como as avaliações em larga escala foram sendo constituídas no Brasil.

Passemos a comentários sobre as declarações de Jomtien e Nova Delhi, documentos publicados após conferências que traçaram rumos para a educação de países em desenvolvimento.

2.2 Os documentos da década de 1990

A partir de 1990, o Brasil assumiu o compromisso estabelecido nas declarações de Educação para Todos: DJ (1990) e DND (1993) de tornar a educação básica universal, e aumentar os investimentos nessa empreitada. Até então nosso desafio era garantir que todas as crianças em idade escolar estivessem frequentando a sala de aula. Além desse objetivo, era necessário aferir o que os estudantes aprendiam e garantir a qualidade da educação. As avaliações em larga escala foram criadas com o objetivo de mensurar os níveis de leitura, o conhecimento matemático e de ciências dos estudantes e contribuir para a excelência do ensino ofertado. Desses resultados, iria depender o planejamento de medidas de investimento no ensino.

Conforme orienta a DJ,

> [...] para medir o progresso alcançado na educação básica, é essencial definir áreas e níveis de resultados, desenvolver métodos e instrumentos simples e amplamente aplicáveis de monitoramento, a fim de avaliar a aprendizagem nessas áreas, incluindo, por exemplo, a utilização periódica de instrumentos de amostragem. (UNESCO, 1990, s/p).

E conforme a DND,

> Abordagens ativas e participativas são particularmente valiosas no que diz respeito a garantir a aprendizagem e possibilitar aos educandos esgotar plenamente suas potencialidades. Daí a necessidade de definir, nos programas educacionais, os níveis desejáveis de aquisição de conhecimentos e implementar sistemas de avaliação de desempenho. (UNESCO, 1993, s/p).

Ambas as declarações orientam sobre a importância de mensurar, por meio de avaliações em larga escala, o progresso dos estudantes da educação básica. Da leitura e análise das DJ e DND, é possível constatar que nossa LDB reflete o recomendado em ambas as declarações sobre mensuração de resultados de aprendizagem.

2.2.1 Declaração de Jomtien – 1990

Organizada pela UNESCO (Organização das Nações Unidas para a Educação), a DJ foi realizada de 5 a 9 de março de 1990, em Jomtien, Tailândia, e gerou a Declaração Mundial de Educação para Todos.

Tendo como principais motivações questões econômicas e educacionais, a declaração destaca a importância da educação básica e estabelece compromissos mundiais para garantir a todas as pessoas os conhecimentos necessários a uma vida digna, visando a uma sociedade mais humana e mais justa, tendo como foco os países menos desenvolvidos.

No início do preâmbulo, o documento diz que há mais de quarenta anos a Declaração Universal dos Direitos Humanos afirma que "toda pessoa tem direito à educação", mas que o cenário da educação mundial ainda apresenta uma realidade excludente que impede a sociedade de enfrentar problemas que geram a exclusão social, como se vê a seguir:

a. mais de 100 milhões de crianças, das quais pelo menos 60 milhões são meninas, não têm acesso ao ensino primário;

b. mais de 960 milhões de adultos – dois terços dos quais são mulheres, são analfabetos, e o analfabetismo funcional é um problema significativo em todos os países industrializados ou em desenvolvimento;

c. mais de um terço dos adultos do mundo não tem acesso ao conhecimento impresso, às novas habilidades e tecnologias, que poderiam melhorar a qualidade de vida e ajudá-los a perceber e a adaptar-se às mudanças sociais e culturais;

d. mais de 100 milhões de crianças e incontáveis adultos não conseguem concluir o ciclo básico, e outros milhões, apesar de concluí-lo, não conseguem adquirir conhecimentos e habilidades essenciais para a conquista de uma vida digna. (UNESCO, 1990, p. 1).

Para avançar rumo à resolução dos problemas citados, a DJ assevera que a educação "embora não seja condição suficiente, é de importância para o pregresso pessoal e social". E a meta é conquistar "um mundo mais seguro, mais sadio, mais próspero e ambientalmente mais puro", além de favorecer o "progresso social, econômico e cultural, a tolerância e a cooperação internacional" (UNESCO, 1990, s/p). Segundo o documento, para a realização desses objetivos, é necessário garantir a educação básica para os que não têm acesso a ela.

Os educadores e cientistas da educação reunidos em Jomtien seguiram princípios claros de atenção básica aos instrumentos essenciais para aprendizagem, o que contempla a primazia da diversidade étnica e política e os movimentos pela recuperação das políticas públicas para educação.

A ideia de educação para a vida toda e a insistência em projetos que facultem a continuidade da aprendizagem repousa, inevitavelmente, nos pressupostos de respeito às peculiaridades culturais locais, às diferentes orientações das pessoas e na adequação de políticas públicas aos interesses dos grupos a serem atendidos pelos projetos educacionais. Nos termos do Art. 1º da declaração:

> Art. 1º; item 1. Cada pessoa – criança, jovem ou adulto – deve estar em condições de aproveitar as oportunidades educativas voltadas para satisfazer suas necessidades básicas de aprendizagem. Essas necessidades compreendem tanto os instrumentos essenciais para a aprendizagem (como a leitura e a escrita, a expressão oral, o cálculo, a solução de problemas), quanto os conteúdos básicos da aprendizagem (como conhecimentos, habilidades, valores e atitudes), necessários para que os seres humanos possam sobreviver, desenvolver plenamente suas potencialidades, viver e trabalhar com dignidade, participar plenamente do desenvolvimento, melhorar a qualidade de vida, tomar decisões fundamentadas e continuar aprendendo. A amplitude das necessidades básicas de aprendizagem e a maneira de satisfazê-las variam segundo cada país e cada cultura, e, inevitavelmente, mudam com o decorrer do tempo.

Os participantes da DJ defenderam o direito à educação básica para todos e comprometeram-se a colaborar com a adoção de medidas individuais e coletivas para cumprir a meta estabelecida. Para tanto, a declaração proclamou em seus 10 artigos o percurso que contribuiria para que a educação básica fosse direito de todos.

Cada artigo tem um objetivo. *Satisfazer às necessidades de aprendizagem na educação básica* é o objetivo do primeiro artigo, que destaca a leitura e a escrita, a expressão oral, o cálculo e a solução de problemas como instrumentos essenciais para a aprendizagem; o segundo artigo recomenda que é preciso *expandir o enfoque* da educação básica e o terceiro tem como objetivo **universalizar o acesso à educação e promover a equidade** na educação.

Concentrar a atenção na aprendizagem e ampliar os meios e o raio de ação da educação básica são os objetivos dos artigos quarto e quinto que enfatizam a importância de a educação básica estar focada nos resultados efetivos de aprendizagem e nas constantes mudanças das necessidades básicas de aprendizagem de crianças, jovens e adultos. Já o quinto artigo ressalta a importância dos programas de alfabetização, uma vez que ler e escrever são capacidades necessárias para o desenvolvimento de outras habilidades e para o fortalecimento da identidade cultural.

Uma vez que a aprendizagem não acontece em situação de isolamento, o sexto artigo tem como objetivo *propiciar um ambiente adequado à aprendizagem* e o sétimo fala sobre *fortalecer as alianças* e esclarece que a obrigação de proporcionar a educação é dever das autoridades: nacional, estadual e municipal.

Desenvolver uma política contextualizada de apoio e *mobilizar os recursos* são os requisitos para garantir educação para todos, apresentados nos artigos oitavo e nono. O primeiro faz referência às políticas de apoio dos setores social, cultural e econômico e o segundo diz que "será essencial mobilizar atuais e novos recursos financeiros e humanos, públicos, privados ou voluntários", pois investir recursos na educação básica é o que se pode fazer de mais importante para o país.

Fortalecer alianças merece comentário, uma vez que o artigo anuncia que a os programas de educação básica devem ser avaliados e esta tese se ocupa de avaliações em larga escala, que mensuram os resultados da educação básica (ENEM) e da educação superior (ENADE).

Fortalecer a solidariedade internacional é o objetivo do décimo artigo uma vez que, cumprir "as necessidades básicas de aprendizagem constitui-se uma responsabilidade comum e universal a todos os povos, e implica solidariedade internacional" para corrigir disparidades econômicas.

A proposta de empoderamento da sociedade de aprendizagem, apresentada na DJ, passa pelo atendimento a suas necessidades educacionais básicas. As pessoas atendidas de forma adequada em sua formação crescem em responsabilidade, responsividade e apreço a suas heranças cultural, linguística e espiritual.

O resultado salutar do investimento em educação de qualidade, nos termos da DJ, garante aos aprendizes o alargamento do círculo do nós, a ampliação da capacidade de conviver com os diferentes, de favorecer a harmonia na convivência entre os diferentes.

> Art. 1º; item 2. A satisfação dessas necessidades confere aos membros de uma sociedade a possibilidade e, ao mesmo tempo, a responsabilidade de respeitar e desenvolver sua herança cultural, linguística e espiritual, de promover a educação de outros, de defender a causa da justiça social, de proteger o meio-ambiente e de ser tolerante com os sistemas sociais, políticos e religiosos que difiram dos seus, assegurando respeito aos valores humanistas e aos direitos humanos comumente aceitos, bem como de trabalhar pela paz e pela solidariedade internacionais em um mundo interdependente.

O Brasil estava representado na conferência e abraçou plenamente os objetivos da DJ: a universalização do acesso escolar, o financiamento e o repasse de recursos financeiros, a descentralização da gestão.

2.2.2 Declaração de Nova Delhi – 1993

A DND (1993) ratifica o compromisso de tornar universal a educação básica firmado na DJ sobre educação para todos.

Os signatários da DND são representantes de nove países em desenvolvimento que, juntos, possuem a maior parte da população mundial: Indonésia, China, Bangladesh, Brasil, Egito, México, Nigéria, Paquistão e Índia.

Os especialistas desses países reconhecem que suas aspirações e metas de desenvolvimento só serão atingidas quando houver a garantia da educação para todos; reconhecem também que, apesar de ter havido progressos importantes na educação, ainda se fazem necessários mais esforços para oferecer uma educação de qualidade a todos. Para tanto, é preciso que os métodos de educação sejam desenvolvidos para atender às necessidades básicas de aprendizagem dos indivíduos e que toda a sociedade esteja envolvida nessa tarefa.

Afirmam estarem cientes "do papel vital que a educação terá que cumprir no desenvolvimento das nossas sociedades" (UNESCO, 1993, p. 19) e asseguraram avanços até o ano de 2000, garantindo: uma vaga em escola a todas as crianças; o empenho na educação de jovens e adultos; a eliminação de disparidades por causa de sexo, idade, renda familiar, diferenças culturais, étnicas e linguísticas, e distância geográfica; propõem o aperfeiçoamento dos conteúdos educacionais e o material didático; o treinamento e as condições de trabalho do magistério; a mobilização de setores da sociedade em prol da educação para todos.

Convocam colaboradores e instituições financeiras internacionais a ampliarem os investimentos em educação, para que os países possam "sustentar seu desenvolvimento socioeconômico" (UNESCO, 1993, p. 19).

DND retoma o passado, como ponto de referência para o que já se conseguiu, na educação para todos, e no que urge conseguir. Baseia sua agenda na declaração dos direitos do homem e nas constituições de cada um dos países participantes da DND e assevera em seu primeiro artigo:

> Art. 1º. Nós, os líderes dos nove países em desenvolvimento de maior população do mundo, reiteramos por esta Declaração nosso compromisso de buscar com zelo e determinação as metas definidas pela Conferência Mundial sobre Educação para Todos e pela Cúpula Mundial da Criança, realizadas em 1990, de atender às necessidades básicas de aprendizagem

de todos os nossos povos tornando universal a educação
básica e ampliando as oportunidades de aprendizagem para
crianças, jovens e adultos. Assim fazemos com consciência
plena que nossos países abrigam mais do que a metade da
população mundial e que o sucesso de nossos esforços é
crucial à obtenção da meta global de educação para todos.
(UNESCO, 1993, p. 18).

Os países em desenvolvimento signatários da DND assumem o compromisso corajoso de "buscar com zelo e determinação" cumprir as metas da DJ até o ano de 2000, o que supunha foco no desenvolvimento cultural, espiritual e linguístico das suas populações.

Em 1993, a educação básica brasileira ainda era regida pela Lei 5692/71 promulgada pelo governo militar.

No artigo segundo os signatários de DND aceitam e reconhecem oito itens que merecem registro e comentário: a garantia da educação como condição *sine qua non* para atender as metas de desenvolvimento; a garantia da educação como instrumento preeminente da promoção dos valores mais relevantes; a necessidade de enfoques criativos nos sistemas formais e informais; a necessidade de conteúdos e métodos se ajustarem ao propósito de empoderamento das pessoas; a necessidade de ações complementares, no âmbito da família e da comunidade, nas áreas de maior carência; a necessidade de priorizar educação de qualidade para mulheres jovens e adultas; o enfrentamento responsável do ônus da pressão demográfica precisa ser encarado de forma responsável; por fim, os signatários reconhecem que o compromisso com a educação de qualidade é de todos os órgãos, públicos, privados e organizações da sociedade civil.

Conforme podemos verificar pela leitura do item 2, desdobrado abaixo em oito subitens, todos eles são de extrema relevância e merecem ser contemplados e atendidos. Alguns dos oito itens merecem um comentário especial. O item 2.1 condiciona o alcance das metas de todos os direitos à educação. O item 2.3 interpela os agentes educacionais para inovarem e criarem formas de ação educativa. O item 2.4 concentra a ação nas necessidades básicas das populações mais pobres do planeta. Faz-se um reconhecimento especial do papel das famílias e das comunidades para atender as pessoas mais necessitadas, em especial as crianças pequenas.

2.1 as aspirações e metas de desenvolvimento de nossos países
serão atendidas somente através da garantia de educação para
todos os nossos povos, direito este assegurado tanto pela

Declaração Universal dos Direitos do Homem quanto pelas constituições e leis de cada um de nossos países;

2.2 a educação é o instrumento preeminente de promoção dos valores humanos universais, da qualidade dos recursos humanos e do respeito pela diversidade cultural;

2.3 os sistemas educacionais dos nossos países já alcançaram progressos importantes na oferta de educação a contingentes substanciais da nossa população, mas ainda não foram plenamente sucedidos os esforços de proporcionar uma educação de qualidade a todos os nossos povos, o que indica a necessidade de desenvolvermos enfoques criativos tanto dentro quanto fora dos sistemas formais;

2.4 os conteúdos e métodos de educação precisam ser desenvolvidos para servir às necessidades básicas de aprendizagem dos indivíduos e das sociedades, proporcionando-lhes o poder de enfrentar seus problemas mais urgentes - combate à pobreza, aumento da produtividade, melhora das condições de vida e proteção ao meio ambiente - e permitindo que assumam seu papel por direito na construção de sociedades democráticas e no enriquecimento de sua herança cultural;

2.5 os programas educacionais bem-sucedidos exigem ações complementares e convergentes, no contexto do papel da família e da comunidade, nas áreas de nutrição adequada, cuidados efetivos da saúde e cuidado e desenvolvimento apropriado para crianças pequenas;

2.6 a educação e a incorporação plena de mulheres jovens e adultas à sociedade são metas importantes em si e elementos chaves do processo de desenvolvimento do bem-estar social, da educação de gerações presentes e futuras e da diversificação das opções disponíveis à mulher para o desenvolvimento de todo o seu potencial;

2.7 pressões demográficas impõem um ônus por demais pesado à capacidade dos sistemas educacionais e impedem as reformas e melhorias necessárias; além do mais, dada a estrutura etária dos nossos países, esse processo continuará no decorrer da próxima década;

2.8 a educação é - e tem que ser - responsabilidade da sociedade, englobando igualmente os governos, as famílias, as comunidades e as organizações não-governamentais, exige o compromisso e a participação de todos numa grande aliança que transcenda a diversidade de opiniões e posições políticas.

A DND, produzida num país continental, com enorme diversidade linguística e étnica, destaca a relevância da diversidade cultural e linguística. Em estreita colaboração com os movimentos ambientalistas, opta pela atenção imediata e urgente para a gestão sustentável dos recursos naturais, com efeito imediato na qualidade da nutrição infantil.

2.3 Os documentos do século XXI

Dez anos após publicação da DJ, o Fórum Mundial da Educação se reuniu no Senegal para avaliar quais eram os compromissos assumidos em 1990 que a educação global havia atingido. O fórum de 2000 deu origem à Declaração de Dakar (DD) que é um documento importante, pois estabeleceu novas metas para a educação global.

Cinco anos após a DD, em 2015, o Fórum Mundial da Educação se reunião novamente e publicou a Declaração de Incheon (DI) com foco nos Objetivos de Desenvolvimento Sustentável, ODS, com especial atenção ao objetivo 4, cuja temática é a educação.

2.3.1 Declaração de Dakar – 2000

A DD é considerada um marco para a educação global, porque diversos países se comprometeram a atingir os objetivos da Educação para Todos que foram estabelecidos no evento.

No item 3 o documento reafirma os compromissos de DJ e declara:

> We re-affirm the vision of the World Declaration on Education for All (Jomtien 1990), supported by the Universal Declaration of Human Rights and the Convention on the Rights of the Child, that all children, young people and adults have the human right to benefit from an education that will meet their basic learning needs in the best and fullest sense of the term, an education that includes learning to know, to do, to live together and to be. It is an education geared to tapping each individual's talents and potential, and developing learners' personalities, so that they can improve their lives and transform their societies. (p. 8)[5].

---

[5] Nós reafirmamos a visão da Declaração Mundial de Educação Para Todos (Jomtien, 1990), apoiada pela Declaração Universal de Direitos Humanos e pela Convenção sobre os Direitos da Criança, de que toda as crianças, jovens e adultos têm o direito humano de beneficiar-se de uma educação que satisfaça suas necessidades básicas de aprendizagem, no melhor e mais pleno sentido do termo, e que inclua aprender a aprender, a fazer, a conviver e a ser. É uma educação que se destina a captar os talentos e o potencial de cada pessoa e a desenvolver a personalidade dos educandos para que possam melhorar as suas vidas e transformar as suas sociedades (Tradução nossa).

Os signatários de Dakar comprometeram-se com uma educação orientada para captar o potencial de cada indivíduo com a finalidade de que ele melhore sua vida e a vida em sociedade. Um compromisso audacioso, pois foca no indivíduo e que para isso ocorra, é necessária uma educação com foco na aprendizagem em turmas pequenas.

O Marco de Dakar acolheu os acordos firmados pela comunidade internacional para educação básica nos anos 1990. O documento relata que houve progresso significativo em muitos países, mas apresentou dados que afirmavam que o desafio naquele momento ainda era cumprir os compromissos firmados na década anterior. Entre os dados apresentados estão: mais de 113 milhões de crianças sem acesso ao ensino primário, 880 milhões de adultos analfabetos, discriminação de gênero permeando os sistemas educacionais e a qualidade da aprendizagem e da aquisição de valores, e habilidades humanas que estavam longe das aspirações e necessidades de indivíduos e sociedades. Para dar passos mais largos em direção à Educação Para Todos, os signatários da DD comprometeram-se com as seguintes metas para a educação global, conforme se pode ler no item 7:

I. expandir e melhorar o cuidado e a educação da criança pequena, especialmente das mais vulneráveis e em maior desvantagem;

II. assegurar que todas as crianças, com ênfase especial nas meninas e nas crianças em circunstâncias difíceis e pertencentes a minorias étnicas, tenham acesso à educação primária, obrigatória, gratuita e de boa qualidade até o ano 2015;

III. assegurar que as necessidades de aprendizagem de todos os jovens e adultos sejam atendidas pelo acesso equitativo à aprendizagem apropriada e às habilidades para a vida;

IV. alcançar uma melhoria de 50% nos níveis de alfabetização de adultos até 2015, especialmente para as mulheres, e acesso equitativo à educação básica e continuada para todos os adultos;

V. eliminar disparidades de gênero na educação primária e secundária até 2005 e alcançar a igualdade de gênero na educação até 2015, com enfoque na garantia ao acesso e o desempenho pleno e equitativo de meninas na educação básica de boa qualidade;

VI. melhorar todos os aspectos da qualidade da educação e assegurar excelência para todos, de forma a garantir a todos resultados reconhecidos e mensuráveis, especialmente na alfabetização, matemática e habilidades essenciais à vida. (UNESCO, 2000, s/p – Item 7).

Das metas, a de número VI é a que trata das avaliações, pois se compromete a melhorar os aspectos da qualidade da educação e que os resultados sejam reconhecidos e mensuráveis. Para que haja a mensuração da aprendizagem dos alunos, é necessário que haja avaliações que apresentem o quanto e como os estudantes estão avançando e se o desempenho desses alunos é equitativo.

DD é um documento que conclama os países a desenvolver e fortalecer planos nacionais de ação, cujos objetivos fossem cumpridos até 2015 e também destaca a importância da cooperação internacional e regional para o financiamento da educação e lista doze ações para que as metas estabelecidas sejam alcançadas. As ações I, II, IV e X refletem o recomendado pelo BM, quanto ao financiamento da educação e sua mensuração de resultados. Essas ações dizem:

> I. mobilizar uma forte vontade política nacional e internacional em prol da Educação para Todos, desenvolver planos de ação nacionais e incrementar de forma significativa os investimentos em educação básica;

> II. promover políticas de Educação para Todos dentro de marco setorial integrado e sustentável, claramente articulado com a eliminação da pobreza e com estratégias de desenvolvimento;

> IV. desenvolver sistemas de administração e de gestão educacional que sejam participativos e capazes de dar resposta e de prestar contas;

> X. monitorar sistematicamente o progresso no alcance dos objetivos e estratégias de EPT nos âmbitos internacional, nacional e regional.

Sobre gerenciamento da educação o BM "investe no desenvolvimento de bens públicos globais que podem ser usados pelos países para diagnosticar o funcionamento do sistema educacional e apoiar a implementação de ações para melhorá-lo" (2018, s/p).

O Fórum Mundial de Educação em 2000 avaliou o quanto a EPT (1990) havia progredido e estabeleceu estratégias e metas para que os países continuassem trabalhando para o avanço da educação básica, conforme o orientado pelo BM.

A análise mostra que DD está envolvida com a melhoria das taxas, da expansão dos cuidados com as crianças pequenas, com as meninas, garotas e mulheres que se encontram em dificuldades especiais de aprendizagem. O documento focaliza esforços para eliminar disparidades de gênero. Acentua também o esforço para eliminar disparidades entre os grupos étnicos.

O documento acena, de forma urgente, para atenção às populações mais pobres do continente africano, que além de alimentos e medicamentos, carecem de educação de qualidade para todos. A inovação em DD é propor cifras relacionadas ao alcance das metas educacionais, tanto no tempo quanto na proporção de pessoas a serem atendidas. Contempla com cuidado as minorias étnicas, com a oferta de educação primária obrigatória, o que faz sentido, para uma declaração produzida no continente africano. Destaca a urgência de programas de alfabetização obrigatória, sobretudo para as populações rurais do continente africano. Se levarmos em conta que em vários países africanos há línguas que precisam ser estudadas e descritas, podemos inferir os problemas envolvidos com a alfabetização.

2.3.2 Declaração de Incheon – 2015

Em 2015, na cidade de Incheon, Coreia do Sul, o Fórum Mundial de Educação publicou a *Declaração de Incheon* (DI). O documento reafirma o movimento EPT iniciado em Jomtien e reitera o Marco de Dakar, afirmando que Jomtien é "o mais importante compromisso com a educação nas últimas décadas, que tem ajudado a promover progressos significativos na educação", bem como a decidir sobre caminhos que, através da educação, melhorem a vida das pessoas.

Os signatários do documento formularam decisões que determinaram ações para "acabar com a **pobreza**, promover a **prosperidade** e o **bem-estar** para todos, proteger o **meio ambiente** e enfrentar as **mudanças climáticas**". Nesta reunião foi elaborada uma agenda que deve ser cumprida até 2030. A agenda se divide em 17 Objetivos de Desenvolvimento Sustentável (ODS). O objetivo 4 tem foco na educação e pretende "assegurar a educação inclusiva e equitativa e de qualidade, e promover oportunidades de aprendizagem ao longo da vida para todas e todos". Sem educação de qualidade não é possível o desenvolvimento sustentável.

A ODS 4 traça metas para a educação básica que têm como prazo para serem cumpridas o ano de 2030 e afirma que essas metas só serão consideradas cumpridas quando forem atingidas por todos.

A declaração afirma que "a educação é um bem público, um direito humano fundamental e a base que garante a efetivação de outros direitos. Ela é essencial para a paz, a tolerância, a realização humana e o desenvolvimento sustentável" (UNESCO, 2015, p. 1).

Nesse excerto, a declaração admite que a educação deve ser protagonista na formação de pessoas que lutem por uma sociedade em que os direitos fundamentais do ser humano sejam garantidos. Além disso, afirma que sem uma educação que invista na autonomia dos estudantes, não será possível formar pessoas que se comprometam com a luta pela paz, pela tolerância, pela realização humana e pelo desenvolvimento sustentável, ou seja, que lutem pela felicidade. Ao referir a necessidade de educação para a autonomia, Incheon atende a um dos princípios básicos da emancipação das pessoas, fortemente defendido pelo educador brasileiro Paulo Freire, que se envolveu com os projetos educacionais internacionais.

Assim como a DD, DI destaca a importância da cooperação financeira internacional para que a educação básica avance rumo ao cumprimento das metas de 2030. O documento convoca os países desenvolvidos e de renda média, os doadores tradicionais e emergentes e os mecanismos de financiamento internacional que aumentem os recursos para educação.

Para mensurar os resultados dos investimentos na educação básica o documento diz que

> [...] decidimos desenvolver sistemas de monitoramento e avaliação nacionais abrangentes para produzir evidências sólidas que orientem a formação de políticas e a gestão dos sistemas de educação, e também assegurem a prestação de contas. (UNESCO, 2015, p. 8).

Por estar concentrada na ODS 4, a DI se comprometeu com a obtenção de resultados relevantes de aprendizagem.

DI reconhece que há interdependência entre as nações, por isso conclama a todos para participarem "com ações ousadas e inovadoras" da construção de uma educação que transforme vidas.

O ano de 1990 foi um marco importante para educação dos países em desenvolvimento. A DJ deu início a uma série de debates e ações para impulsionar uma educação que inclua também aqueles que, devido a pobreza, têm dificuldades em avançar na escola.

O BM, criado com objetivo de alavancar economicamente os países no pós-guerra, passou, a partir dos anos de 1960, também a financiar a educação, uma vez que para a instituição

> A educação é um direito humano, um poderoso motor de desenvolvimento e um dos mais fortes instrumentos para reduzir a pobreza e melhorar a saúde, a igualdade de gênero, a paz e a estabilidade. Proporciona retornos elevados e consistentes em termos de receita e é o fator mais importante para garantir a igualdade de oportunidades. (BANCO MUNDIAL, 2020, s/p).

Por estar concentrada na ODS 4, a DI se compromete com a obtenção de resultados relevantes de aprendizagem e reconhece que há interdependência entre as nações, por isso conclama a todos para participarem "com ações ousadas e inovadoras" da construção de uma educação que transforme vidas.

O documento abre com a formulação corajosa de um compromisso radical, urgente, com agenda holística, quase utópica, dizendo que "Comprometemo-nos, em caráter de urgência, com uma agenda de educação única e renovada, que seja holística, ousada e ambiciosa, que não deixe ninguém para trás" (UNESCO, 2015, p. 1).

O caráter ousado e ambicioso se explicita no objetivo 4 do desenvolvimento sustentável, em que se acentua o alto grau de correspondência entre os objetivos de desenvolvimento até 2030, que firmam posição com as propriedades inclusiva e equitativa, e destacam, corajosamente, que se trata de projeto de educação de qualidade. O comentário oferecido por Incheon ao ODS4 salienta, também, uma inovação surpreendente no alcance das políticas públicas da educação, ao estabelecer o objetivo de promover oportunidades de aprendizagem ao longo da vida, e não mais focalizar as coortes infanto-juvenis. Essa nova visão é inteiramente captada pelo ODS 4 cujo objetivo é assegurar a educação inclusiva e equitativa de qualidade, e promover oportunidades de aprendizagem ao longo da vida para todos e suas metas correspondentes.

Os autores da declaração fazem autocrítica e demonstram consciência da necessidade de reequacionar os problemas e os desafios, e de lidar com as questões inacabadas da agenda EPT e ODS: "Com essa visão, transformadora e universal, percebem-se as 'questões inacabadas' da agenda de

EPT e ODS relacionadas à educação e também se abordam desafios globais e nacionais da educação" (UNESCO, 2015, p. 1).

DI oferece um lugar de destaque para os valores humanistas da educação e do desenvolvimento, que resultam no mais eficaz ideário que se pode imaginar para o trabalho com as pessoas. A proposta é mandatória na atenção aos direitos humanos, na dignidade humana, com foco na justiça social, na inclusão, na proteção a quem dela precisa.

Merece menção especial o cuidado com a diversidade, desdobrada em cultural, linguística e étnica. É a primeira vez que nos defrontamos com um documento em que, ao lado da diversidade cultural e étnica, ocorre menção explícita à diversidade linguística, o que aponta para a importância das políticas públicas educacionais referentes às línguas, como recurso especial para a integração e o desenvolvimento de grupos étnicos, que passam a ter oportunidade de alfabetização em suas próprias línguas, uma vez que a visão do documento "é inspirada por uma visão humanista da educação e do desenvolvimento, com base nos direitos humanos e na dignidade; na justiça social; na inclusão; na proteção; na diversidade cultural, linguística e étnica [...]" (UNESCO, 2015, p. 1).

Na lista das inspirações que guiaram a DI, a parte final merece menção especial, por atentar para a responsabilidade social dos gestores e na transparência das prestações de contas, que estabelece que sejam compartilhadas "na responsabilidade e na prestação de contas compartilhadas" (UNESCO, 2015, p. 1).

O documento reafirma que não há garantia efetiva dos demais direitos humanos, se as pessoas ficarem privadas do direito à educação, pois "a educação é um bem público, um direito humano fundamental e a base que garante a efetivação de outros direitos" (UNESCO, 2015, p. 1).

Continuemos os comentários sobre a parte final do parágrafo de abertura de Incheon, que consta de três períodos.

O primeiro assegura que a educação é a garantia da paz e da tolerância, que é a única alternativa para a realização humana, em termos pessoais e profissionais, e sem ela não haverá desenvolvimento sustentável: "Ela (educação) é essencial para a paz, a tolerância, a realização humana e o desenvolvimento sustentável" (UNESCO, 2015, p. 1).

O segundo representa uma inovação impressionante no contexto de desenvolvimento socioeconômico, ao reconhecer, no fórum mundial, que a educação é uma ferramenta indispensável para a erradicação da pobreza:

"Reconhecemos a educação como elemento-chave para atingirmos o pleno emprego e a erradicação da pobreza" (UNESCO, 2015, p. 1).

Por fim, os signatários de Incheon prometem concentrar esforços para o atingimento dos objetivos referentes a acesso, inclusão e equidade, e sobretudo na qualidade dos resultados da aprendizagem. Compromissos assumidos até 2030 representam uma esperança no projeto de educação ao longo da vida.

As declarações analisadas neste capítulo retratam o modo como o BM tem buscado conduzir a educação. As avaliações em larga escala da educação são parte das exigências feitas aos países que recebem financiamento da instituição.

O exame dos documentos mostra que, no curso de 25 anos, firmou-se o discurso das políticas públicas em torno de educação de qualidade para todas as crianças e adolescentes, sem deixar nenhum para trás. As sedes das quatro declarações refletem o interesse dos organismos internacionais de educação em privilegiar realidades geoeducacionais, culturais, linguísticas e econômicas distintas, e focalização progressiva em meninas e garotas, e nas pessoas com mais dificuldade para arcar com os desafios da aprendizagem.

A TRAJETÓRIA DO ENEM E DO ENADE

Porque se chamava homem
Também se chamavam sonhos
E sonhos não envelhecem.
(Milton Nascimento, Lô Borges e Marcio Borges)

A melhoria da Educação em nosso país é um projeto que vem sendo desenhado há mais de 30 anos. A partir de 1990, após o compromisso de tornar universal a educação básica, estabelecido na *Declaração Mundial sobre Educação para Todos* – Conferência de Jomtien – 1990 (DJ), os investimentos nessa empreitada passaram a ser maiores. Melhorar a qualidade do ensino básico não é uma tarefa fácil, uma vez que envolve muitos aspectos, entre eles a qualificação docente e a reestruturação dos espaços escolares. Com o objetivo de melhorar a qualidade da educação básica, foram estabelecidas novas propostas de gestão escolar, de financiamento, de políticas de formação de professores e de programas de avaliação educacional em larga escala, conforme previsto na LDB 9394/1996.

Até a década de 1990, o desafio da educação brasileira era garantir que todas as crianças em idade escolar estivessem frequentando as salas de aula. Após o Brasil ter avançado nesse objetivo, surgiu uma nova questão: como aferir o que os estudantes aprendem e garantir a qualidade da educação?

No final dos anos 1980, a educação básica brasileira passou a ser objeto de avaliações externas, inicialmente apresentadas como necessárias para o monitoramento do desempenho de estudantes em provas padronizadas, passíveis de permitir comparações entre redes e escolas (ALAVARSE; BRAVO; MACHADO, 2013).

Esse quadro avaliativo ganhou densidade em 1990, com a criação do SAEB, primeira iniciativa, em escala nacional, com o objetivo de conhecer o sistema educacional brasileiro em profundidade e diagnosticar lacunas na aprendizagem dos estudantes, com o objetivo de colaborar com a melhoria da qualidade, equidade e eficiência do ensino, abrangendo as esferas municipal, estadual e federal e tendo como diretriz o Programa Internacional de Avaliação de Estudantes (PISA). Em 2005, o Sistema de Avaliação Básica (SAEB) passou a ser composto por duas avaliações: Avaliação Nacional da Educação Básica (ANEB) e Avaliação Nacional do Rendimento Escolar (ANRESC), conhecida como Prova Brasil, com foco nas escolas da rede pública. A Avaliação Nacional da Alfabetização (ANA) que afere os níveis de leitura e escrita e de matemática dos estudantes de terceiro ano do ensino fundamental foi incorporada ao SAEB em 2013, e em 2019 a avaliação passou a contemplar também a educação infantil.

> O Sistema de Avaliação da Educação Básica (SAEB) é um conjunto de avaliações externas em larga escala que permite ao INEP realizar um diagnóstico da educação básica brasileira e de fatores que podem interferir no desempenho do estudante.
>
> Por meio de testes e questionários, aplicados a cada dois anos na rede pública e em uma amostra da rede privada, o SAEB reflete os níveis de aprendizagem demonstrados pelos estudantes avaliados, explicando esses resultados a partir de uma série de informações contextuais. (BRASIL. INEP, [199?]a, s/p).

O SAEB oferece subsídios para a elaboração, o monitoramento e o aprimoramento de políticas educacionais e "permite que as escolas e as redes municipais e estaduais de ensino avaliem a qualidade da educação oferecida aos estudantes" (BRASIL. INEP, 2021, s/p).

Bauer, Alavarse e Oliveira afirmam que nas últimas décadas foram implantadas reformas educativas que se caracterizam por um conjunto de medidas, a saber:

> a) centralização dos sistemas de avaliação, que passam a ser utilizados como instrumentos de gestão e alimentam políticas de responsabilização aliadas a desenhos censitários de avaliação externa;
>
> b) descentralização dos processos de gestão e financiamento, que fortalecem o discurso da autonomia e da gestão democrática da escola, numa perspectiva de melhoria dos resultados, o que inclui a autonomia financeira para buscar novas fontes de recursos, que não as fontes públicas tradicionais, e novas formas de gerenciamento da educação pública, o que inclui autonomia de gestão financeira e autonomia de gestão (*school based management*);
>
> c) ampliação das possibilidades de escolha (*choice*), estimulando mecanismos de competição entre as escolas, o que induziria à melhoria de sua qualidade; e

d) valorização dos resultados e busca de maior efetividade do serviço ofertado (*school effectiveness*). (BAUER; ALAVARSE; OLIVEIRA, 2015, p. 1369).

Esse conjunto de medidas que produz avaliações elaboradas e conduzidas por grupos que não se encontram dentro da escola; que classifica as escolas conforme os resultados obtidos nos exames; e que descentraliza o financiamento, abrindo portas para o capital privado, faz com que a aceitação das avaliações em larga escala esteja longe de ser consensual em nosso país. Parte significativa da comunidade acadêmica e educacional não considera que as avaliações contribuam ou sirvam para orientar políticas de melhoria da educação (BAUER; ALAVARSE; OLIVEIRA, 2015). Entretanto, a utilização de provas padronizadas, aplicadas em larga escala, é uma realidade no Brasil, a exemplo do que ocorre com um conjunto de vários países, como movimento de integração ao mundo globalizado.

Entre as avaliações em larga escala, estão o Exame Nacional do Ensino Médio (ENEM) e o Exame Nacional de Desempenho dos Estudantes (ENADE). É dessas avaliações que esta tese se ocupa.

O ENEM e o ENADE são avaliações que compõem parte do cenário da educação brasileira nos níveis básico e superior e objetivam aferir em que termos se alcançam as metas para melhoria da educação. O ENEM avalia o ensino médio e classifica os que estão aptos a ingressar na educação superior, e o ENADE avalia o desempenho dos estudantes quando estão concluindo a graduação, bem como as IES que têm cursos avaliados a cada triênio.

Neste capítulo, traço o histórico dessas duas avaliações com base nas informações e nos documentos do site do INEP.

3.1 ENEM

Segundo o Relatório Pedagógico de 1998, o ENEM é "uma proposta inovadora, tanto no que se refere ao seu caráter transdisciplinar quanto na sua ênfase na avaliação das competências e habilidades do cidadão, ao término da educação básica" (BRASIL, 1998, p. 5). Nas primeiras edições, o exame era voluntário e tinha como finalidade avaliar o desempenho global de cada um dos participantes.

A proposta inovadora do ENEM, que teve sua primeira aplicação em 1998, tinha os seguintes objetivos definidos pelo MEC: a) oferecer uma referência, para que cada cidadão possa proceder à sua autoavaliação, com vistas às escolhas futuras, tanto em relação ao mercado de trabalho, quanto em relação à continuidade de estudos; b) estruturar uma avaliação da educação básica que sirva como modalidade alternativa ou complementar aos processos de seleção, nos diferentes setores do mundo do trabalho; c) estruturar uma avaliação da educação básica que sirva como modalidade alternativa ou complementar aos exames de acesso aos cursos profissionalizantes pós--médios e ao ensino superior (BRASIL. INEP, 1998).

Para atingir esses objetivos, o conteúdo do Ensino Médio foi dividido em quatro áreas do conhecimento: Linguagens, códigos e suas tecnologias, matemática e suas tecnologias, ciências da natureza e suas tecnologias e ciências humanas e suas tecnologias e as questões da prova foram estruturadas tendo como base a matriz de referência de competências e habilidades, organizando--se "em termos de solução de problemas com características interdisciplinares e contextualização dos enunciados em situações do cotidiano, presentes não só nos livros didáticos, mas em jornais, revistas e periódicos" (BRASIL, 1998, p. 19). O suporte das questões trouxe

> [...] o máximo de informações necessárias para sua resolução, uma vez que a ênfase dessa avaliação recaiu na aferição da capacidade de transformar informação em conhecimento, não na simples retenção e repetição de um conjunto de informações. (BRASIL, 1998, p. 19).

O ENEM nasceu com objetivos corajosos e com uma proposta de questões que, por não valorizarem a memorização, deveriam fornecer como suporte um conjunto de informações que cooperasse com a estruturação do raciocínio lógico do participante, para que assim fosse possível aferir seu desenvolvimento em competências fundamentais ao exercício pleno da cidadania. Parte do que busco verificar nas análises de questões é em que proporção o projeto inovador do ENEM, conforme foi concebido, se manteve ao longo dos anos.

Em 1999, segundo ano de aplicação do exame, o ENEM apresentou avanços. Houve a criação de Comitês Técnico e Consultivo, especialistas em avaliação que contribuíram de maneira significativa para a consolidação dos pressupostos teóricos e metodológicos do exame e com sua operacionalização. O Conselho Nacional de Educação (CNE), a legislação pertinente à reforma do ensino médio e os pareceres relacionados aos processos de acesso ao ensino superior forneceram subsídios para a consolidação da avaliação com ênfase nas estruturas de inteligência dos participantes. Em 1999, noventa e três IES manifestaram-se favoráveis quanto à utilização dos resultados do ENEM em seus processos seletivos (BRASIL, 2000).

A partir do ano de 2000, o exame passou a ser acompanhado por observadores indicados pelas secretarias de educação, credenciados pelo INEP. O ano de 2000 também marcou o início da oferta de recursos de acessibilidade. Em 2001, as inscrições começaram a ser realizadas pela internet e concluintes do ensino médio passaram a ter direito à inscrição gratuita; 1.829.170 foi o número de inscritos para o exame em 2002. Em função disso, foi preciso aumentar o número de locais de realização das provas para 600 municípios. Em 2003, foi incluído no questionário socioeconômico um item referente ao ano de conclusão do ensino médio. Com essa mudança no questionário, foi possível identificar os treineiros (BRASIL, 2020).

Sete anos após sua primeira aplicação, o ENEM (2004) passou a ser utilizado como mecanismo de seleção para ingresso ao curso superior de universidades públicas e privadas, respeitando a autonomia das instituições pela opção de utilizar ou não os resultados do exame na admissão dos estudantes.

> Em 2004 mais de 600 Instituições de Ensino Superior manifestaram-se formalmente pela utilização do ENEM em seus processos seletivos. Os critérios dessa utilização são fixados pelas IEs. Dentre elas, algumas reservam percentuais de vagas para os seus candidatos que obtiveram uma determinada nota no exame, outras acrescentam pontos à nota de seus candidatos na primeira ou na segunda fase, dependendo da nota do ENEM, outras substituem a primeira fase pelo exame e outras, ainda, substituem totalmente a forma de ingresso pelo resultado do ENEM. (BRASIL, 2007, p. 43).

Também em 2004, a nota do ENEM passou a ser utilizada para acesso a programas do governo federal como o PROUNI (Programa Universidade para Todos). Institucionalizado pela Lei n.º 11.096, o PROUNI passou a conceder bolsas de estudo integrais e parciais em cursos de graduação e sequenciais de formação específica em instituições de ensino privadas, para estudantes egressos da rede pública de ensino ou da rede particular que tenham cursado a educação básica com bolsa de estudo, desde que tenham renda familiar per capita até três salários-mínimos (BRASIL, 2005).

O PROUNI oferecia bolsas de estudo, integrais e parciais (50%), em instituições particulares de educação superior. Para concorrer às bolsas integrais, o estudante devia comprovar renda familiar bruta mensal, por pessoa, de até 1,5 salário-mínimo, para as bolsas parciais (50%), a renda familiar bruta mensal deveria ser de até 3 salários-mínimos por pessoa.

Somente estudantes brasileiros que não possuíssem diploma de curso superior e que tivessem participado do Enem mais recente e obtido, no mínimo, 450 pontos de média das notas e não tivessem zerado a redação poderiam se inscrever no PROUNI (BRASIL, 2004).

Em 2005, o PROUNI fez crescer o número de participantes que tinham como objetivo iniciar a graduação: 67% dos 3.004.491 inscritos. Estudantes com renda familiar de até dois salários-mínimos representaram mais da metade (53,7%) dos que fizeram a prova em 2006 e em 2007 69,5% dos inscritos tinham renda familiar de até cinco salários-mínimos (INEP, 2020).

Em 2008, o exame completou uma década. O INEP e o MEC anunciaram que o "ENEM se tornaria o processo nacional de seleção para ingresso na educação superior e certificação do ensino médio" (BRASIL, 2020, s/p).

Criado em 2009, o Sistema de Seleção Unificada (SISU) mudou o formato do ENEM. O exame passou de 93 para 180 questões, 45 para cada área do conhecimento e a prova de redação. O exame passou a ser aplicado em dois dias e a matriz de referência foi reformulada (INEP, 2020). Universidades federais passaram a usar o ENEM como prova de acesso aos seus cursos de graduação.

Em 2013, quase todas as instituições federais adotaram o ENEM como critério de seleção. A nota do exame era utilizada na concessão de bolsas de estudos do programa Ciências sem Fronteiras, programa que não existe mais. O ano de 2014 marcou o início das parcerias com IES de Portugal; as Universidades de Coimbra e Algarve passaram a aceitar o ENEM (BRAISL, 2020).

Até 2017, o exame era utilizado como certificação de conclusão do ensino médio (BRASIL, 2017). A partir de então, os que desejavam a certificação deviam fazer o Exame Nacional para Certificação de Competências de Jovens e Adultos (ENCCEJA), direcionado a estudantes residentes ou não no Brasil e que não concluíram os estudos em idade própria. O ENCCEJA passou a atender os que buscam certificação do ensino fundamental e do médio. Para o ensino fundamental é necessário ter 15 anos completos na data de realização do exame; para o médio, 18 anos.

Ao longo do tempo, o ENEM foi mudando sua feição e seu objetivo: o exame que avaliava o ensino médio passou também a ser a principal porta de entrada para o ensino superior do país. Entretanto, as condições de concorrência entre os estudantes que participam da prova não são iguais, e boa parte deles encontram no exame uma barreira para o acesso à graduação. Nas palavras de Bourdieu,

> [...] cada família transmite a seus filhos, mais por vias indiretas que diretas, um certo capital cultural e um certo ethos, sistema de valores implícitos e profundamente interiorizados, que contribui para definir, entre coisas, as atitudes face ao capital cultural e à instituição escolar. A herança cultural, que difere, sob dois aspectos, segundo as classes sociais, é a responsável pela diferença inicial das crianças diante da experiência escolar e, consequentemente, pelas taxas de êxito. (BOURDIEU, 2015, p. 46).

A avaliação passou a ser alvo de críticas, pois parte das instituições de ensino do ensino médio, a fim de se posicionarem entre as primeiras no *ranking* das que mais aprovam no ENEM, passou a pautar seus programas nos conteúdos priorizados pela avaliação, transformando o ensino médio em um "cursinho preparatório para o ENEM".

Em janeiro de 2019, o jornal *O Estado de São Paulo* divulgou pesquisa, elaborada por Leonardo Sales, baseada em dados no INEP, do Censo Escolar 2017 e da ABEP (Associação Brasileira de Empresas de Pesquisa), que apresentou a seguinte proporção de sucesso no ENEM: 1 a cada 4 alunos de classe média triunfa; os pobres são 1 a cada 600.

Estudantes oriundos das classes populares aspiram conseguir mobilidade social após concluir a graduação. Se o exame não for elaborado para avaliar as habilidades cognitivas de cada um, sua elaboração pode contribuir para a exclusão social de grande parte daqueles que se submetem ao ENEM e que não tiveram a herança cultural de que Bourdieu fala.

Em dezembro de 2021, foi editada a Medida Provisória (MP) 1075/2021 alterando a Lei 11096/2005, que instituiu o PROUNI. A MP ampliou o acesso de alunos de escolas privadas ao programa. Passam a ter acesso ao benefício, estudantes do ensino médio privado que foram pagantes ou bolsistas parciais. Antes, só podiam concorrer alunos que passaram os três anos do ensino médio em escolas da rede pública ou em escolas privadas como bolsistas integrais (BRASIL, 2005). A MP também suspende as bolsas de 25%.

Além da ampliação das bolsas para estudantes de instituições privadas, a MP institui nova regra para a reserva de cotas destinadas aos candidatos negros, pardos, indígenas e pessoas com deficiência. O percentual destinado a esses candidatos foi considerado em conjunto, e não mais de forma isolada.

A nota do ENEM continuou sendo pré-requisito para os candidatos concorrerem a uma bolsa do PROUNI e os critérios econômicos de quem pode usufruir do benefício continuam os mesmos.

A MP 1075/2021 descaracteriza o PROUNI, uma política pública que foi criada com o objetivo de permitir o acesso, a permanência e a inclusão de estratos da sociedade que, historicamente, não tiveram chances de ingressar na educação superior.

3.2 ENADE

O ENADE avalia o rendimento de estudantes que concluem os cursos de graduação. Embora ocorra todo ano, tem periodicidade trienal para cada área do conhecimento. O exame avalia o desempenho dos estudantes com relação aos conteúdos programáticos previstos nas diretrizes curriculares dos cursos de graduação, o desenvolvimento de competências e habilidades necessárias ao aprofundamento da formação geral e profissional, e o nível de atualização dos estudantes com relação à realidade brasileira e mundial.

> A avaliação de cursos de graduação e a avaliação institucional, ambas in loco, e o ENADE integram o Sistema Nacional de Avaliação da Educação Superior (SINAES) e "juntos formam o tripé avaliativo que permite conhecer a qualidade dos cursos e instituições de educação superior brasileiras". (BRASIL. INEP, [200?]c, s/p).

O exame vem sendo alvo de críticas semelhantes às dirigidas ao ENEM. Bertolin e Marcon afirmam:

> Em certa medida, os exames se tornaram referência para a elaboração de projetos pedagógicos dos cursos, ou seja, os conteúdos abordados pelos exames se transformaram em "quase diretrizes" curriculares para muitas instituições. Além disso, o próprio governo transformou o ENADE num instrumento de medição da qualidade dos cursos e instituições da educação superior brasileira, no momento em que vinculou desempenhos mínimos para firmar convênios com instituições, tais como PROUNI e FIES, para possibilitar acesso à base de dados científica ou para disponibilizar recursos do BNDES. (BERTOLIN E MARCON, 2015, p. 107-108).

O ENADE é uma espécie de prestação de contas que as IES apresentam à sociedade e ao MEC a respeito de quanto seus alunos avançaram durante a graduação e se desenvolveram as competências e habilidades necessárias ao aprofundamento da formação geral e profissional. Competências e habilidades que já foram testadas, por meio do ENEM.

A cada edição do ENADE, o INEP publica portarias com diretrizes para avaliação da formação geral que engloba todas as áreas e dos componentes específicos de cada área.

Além das trinta questões de conteúdo específico das carreiras para as quais os estudantes se prepararam (27 objetivas e 03 discursivas), o exame também é composto por 10 questões de formação geral (08 objetivas e 02 discursivas). Neste trabalho, analisamos questões de formação geral.

De 2004 a 2021, não houve muitas mudanças nas diretrizes do componente formação geral. Conforme a portaria n.º 518, de 31/3/2019[6], a prova e sua correção são balizadas pelos princípios dos Direitos Humanos (Art. 3º). As questões discursivas avaliam se o estudante que está concluindo a graduação produz um texto com clareza, coerência, coesão, estratégias argumentativas, propriedade vocabular e correção gramatical do texto (Art. 4º) (BRASIL, 2019), requisitos bem próximos aos exigidos dos estudantes que participam no ENEM.

Art. 5º diz que o componente de Formação Geral tomará como referência do perfil do concluinte as seguintes características: I - ético e comprometido com questões sociais, culturais e ambientais; II – comprometido com o exercício da cidadania; III - humanista e crítico, apoiado em conhecimentos científico, social e cultural historicamente construídos, que transcendam a área de sua formação; IV - proativo e solidário na tomada de decisões; e V - colaborativo e propositivo no trabalho em equipes e/ou redes que integrem diferentes áreas do conhecimento, atuando com responsabilidade socioambiental (BRASIL, 2019).

A prova de formação geral avalia se o concluinte desenvolveu durante sua formação as competências para: I - promover diálogo e práticas de convivência, compartilhando saberes e conhecimentos; II - buscar e propor soluções viáveis e inovadoras na resolução de situações-problema; III - sistematizar e analisar informações para tomada de decisões; IV - planejar e elaborar projetos de ação e intervenção a partir da análise de necessidades em contextos diversos; V - compreender as linguagens e respectivas variações; VI - ler, interpretar e produzir textos com clareza e coerência; VII - analisar e interpretar representações verbais, não verbais, gráficas e numéricas de

---

[6] Tomei como base a portaria de 2019, uma vez que a análise das provas do ENADE deste trabalho contempla os anos de 2010 e 2019.

fenômenos diversos; VIII - identificar diferentes representações de um mesmo significado; e IX - formular e articular argumentos e contra-argumentos consistentes em situações sociocomunicativas (BRASIL, 2019, Art. 6º).

As competências I, II, III e IV têm foco no desenvolvimento profissional do estudante que está concluindo a graduação, uma vez que avaliam a capacidade de diálogo, de buscar e propor soluções, de tomar decisões e de colocar em ação projetos de intervenção. Já as competências V, VI, VII, VIII e IX estão muito próximas daquelas avaliadas no ENEM e têm foco na leitura, na interpretação e na produção de textos escritos e orais nos quais o concluinte da graduação formule e apresente argumentos nas diversas situações sociocomunicativas.

A educação superior, assim como a educação básica, teve a implementação de avaliações em larga escala na década de 1990.

> A partir da segunda metade da década de 1990, os processos de avaliação e regulação da educação superior ganharam centralidade junto às ações governamentais. O Governo Federal, por meio da Lei n.º 9.131, de 24 de novembro de 1995, alterou as diretrizes e bases da educação nacional (Lei n.º 4.024/1961) e determinou que o Ministério da Educação (MEC) realizasse avaliações periódicas das instituições de educação superior e dos cursos de graduação. (BRASIL. INEP, 1995, s/p).

Em 2004, o SINAES, um novo sistema para avaliar a educação superior foi implantado pela força da Lei n.º 10.861/2004: o Exame Nacional de Desempenho de Estudantes (ENADE).

Para acompanhar as avaliações periódicas do ensino superior, em 2006, é formada a Comissão Técnica de Acompanhamento da Avaliação (CTAA). Em 2007, "o Conceito ENADE, o Conceito Preliminar de Curso (CPC) e o Índice Geral de Cursos Avaliados da Instituição (IGC) são os insumos fundamentais dos indicadores que medem a qualidade dos cursos e das instituições do ensino superior" (BRASIL. INEP, 1995, s/p).

Cabe às universidades formar pessoas éticas, empreendedoras e criativas e que interfiram na realidade que se apresenta, visando a superar problemas. Essas características, esperadas e exigidas pelo mundo do trabalho, serão encontradas em profissionais capazes de liderar pessoas e mudar o mundo a sua volta; para isso é necessário investir na formação cidadã e no avanço pessoal, profissional e acadêmico dos estudantes. É isso que o ENADE avalia.

4

ANÁLISE DE QUESTÕES DO ENEM

Ainda somos os mesmos e vivemos / Como os nossos pais.
(Belchior)

O ENEM é o processo seletivo para admissão às graduações de grande parte das IES brasileiras. Os jovens que participam do exame, oriundos de classes sociais diversas, com experiências de vida e educacionais também diversas, chegam ao momento da prova em condições desiguais, já que tiveram oportunidades diferenciadas de acúmulo do tipo de capital cultural valorizado nesse processo.

> Justamente porque os mecanismos de eliminação agem durante todo o *cursus**, é legítimo apreender o efeito desses mecanismos nos graus mais elevados da carreira escolar. Ora, vê-se nas oportunidades de acesso ao ensino superior o resultado uma seleção direta ou indireta que, ao longo da escolaridade, pesa com rigor desigual sobre os sujeitos das diferentes classes sociais. (BOURDIEU, 2015, p. 45).

Por ser o principal mecanismo de acesso à universidade pública, a elaboração das questões do ENEM precisa levar em conta a desigualdade social que existe em nosso país, para que jovens de classes distintas tenham chances equânimes de alcançar uma nota que permita o acesso à universidade. A desigualdade econômica e educacional que o Brasil vive não dá a todos os jovens as mesmas chances de avanço na vida escolar e acadêmica.

Em 1998, tivemos a primeira edição do ENEM. A caçula das avaliações em larga escala chegou a sua terceira edição no ano de 2000 com uma matriz de referência que apresentava cinco competências cognitivas globais divididas em vinte e uma habilidades, que orientaram a elaboração das questões de diferentes áreas do conhecimento.

O Relatório Pedagógico do ENEM de 2000 afirma, no texto de apresentação:

> Na verdade, a passagem de ensino de elite para educação de massa – num contexto de profundas mudanças polí-

ticas, sociais e tecnológicas – trouxe um triplo desafio ao ensino médio: como etapa final da educação básica, cabe-lhe desenvolver as competências essenciais ao pleno exercício da cidadania; como etapa intermediária no percurso escolar, incumbe-lhe a tarefa de preparar o aluno para o ingresso no ensino superior; e, por último, como elo entre a escola e o mundo do trabalho, compete-lhe prover a formação básica requerida pelo mercado, dentro de uma concepção orientada para a aprendizagem continuada. Em suma, recai sobre o ensino médio a enorme responsabilidade de transformar-se numa verdadeira escola para a vida. (BRASIL. INEP, 2001, p. 5).

O relatório assume que "a passagem de ensino de elite para educação de massa" exige esforço para que todos os estudantes se desenvolvam para o exercício pleno da cidadania. Também alerta que cabe ao ensino médio ser uma "verdadeira escola para a vida".

Sobre a necessidade de uma educação que inclua classes distintas, Bourdieu (2015) diz que,

> Ao atribuir aos indivíduos esperanças de vida escolar estritamente dimensionadas pela sua posição na hierarquia social, e operando uma seleção que – sob as aparências da equidade formal – sanciona e consagra as desigualdades reais, a escola contribui para perpetuar as desigualdades, ao mesmo tempo que as legitima. (BOURDIEU, 2015, p. 65).

Uma educação equitativa não pode estar apenas no texto dos documentos que a orientam e nos relatórios que são gerados após a aplicação de avaliações em larga escala. É preciso lembrar-se do que Leonardo Boff diz em *Todo ponto de vista é a vista de um ponto*:

> A cabeça pensa a partir de onde os pés pisam. Para compreender, é essencial conhecer o lugar social de quem olha. Vale dizer: como alguém vive, com quem convive, que experiências tem, em que trabalha, que desejos alimenta, como assume os dramas da vida e da morte e que esperanças o animam. Isso faz da compreensão sempre uma interpretação. (BOFF, 1998, p. 9).

O ENEM precisa levar em conta o ponto de vista de estudantes de classes distintas. Foi com esse olhar que analisei as provas. A análise investigou em que medida o ENEM é um exame que busca reduzir as distâncias entre os estudantes de classes distintas que fazem a prova.

Analisei provas do caderno amarelo, dos anos 2000, 2010 e 2019, seguindo a ordem cronológica de aplicação dos exames, com foco no suporte (informações que estão na questão e que o aluno vai usar para organizar seu raciocínio); enunciados das questões; comando (parte da questão em que se aponta o que se deseja que o aluno responda); alternativas de resposta: uma correta (gabarito) e as demais, os *distratores*.

A primeira questão analisada de cada prova foi sempre a redação. Em seguida, as questões objetivas foram divididas em blocos, conforme as habilidades na prova de 2000, e as competências, nas provas de 2010 e 2019. Essa divisão se justifica porque no ano de 2000 o exame era estruturado em competências globais que se desdobravam em habilidades. A partir de 2009, o exame passou a ser estruturado em competências por área do conhecimento e cada competência se desdobra em habilidades.

Por estar investigando se o aluno que não dispõe de um vasto capital cultural tem condições de fazer a prova e raciocinar com o que está posto nas questões, optei por analisar questões que testam competências e habilidades nas quais os paradigmas colocados permitem verificar o que está sendo pesquisado.

A exploração do material concentrou-se nas categorias de análise já apresentadas na Figura 1. Apliquei na análise a noção de capital cultural formulada por Bourdieu para explicar as oportunidades desiguais de sucesso escolar de estudantes pertencentes aos diferentes estratos sociais, pois a participação no ENEM é de estudantes oriundos de diversos meios sociais.

4.1 O ENEM 2000

Em 2000, cinco competências cognitivas globais desdobradas em 21 habilidades estruturavam a matriz de referência do exame. Este era o constructo de competências (Figura 2) e habilidades (Figura 3) naquele ano, conforme o Relatório Pedagógico ENEM 2000.

Figura 2 – Competências ENEM – 2000 – Linguagens, códigos e suas tecnologias

Competências
1. Dominar a norma culta da língua portuguesa e fazer uso das linguagens matemática, artística e científica.
2. Construir e aplicar conceitos das várias áreas do conhecimento para a compreensão de fenômenos naturais, de processos histórico-geográficos, da produção tecnológica e das manifestações artísticas.
3. Selecionar, organizar, relacionar, interpretar dados e informações representados de diferentes formas, para tomar decisões e enfrentar situações-problema.
4. Relacionar informações, representadas em diferentes formas, e conhecimentos disponíveis em situações concretas, para construir argumentação consistente.
5. Recorrer aos conhecimentos desenvolvidos na escola para elaboração de propostas de intervenção solidária na realidade, respeitando os valores humanos e considerando a diversidade sociocultural.

Fonte: elaborada a partir dos dados do Relatório Pedagógico ENEM 2000

Figura 3 – Habilidades ENEM -2000 – Linguagens, códigos e suas tecnologias

Habilidades

1. Dada a descrição discursiva ou por ilustração de um experimento ou fenômeno de natureza científica, tecnológica ou social, identificar variáveis relevantes e selecionar os instrumentos necessários para realização ou interpretação do mesmo.
2. Em um gráfico cartesiano de variável socieconômica ou técnico-científica, identificar e analisar valores das variáveis, intervalos de crescimento ou decréscimo e taxas de variação.
3. Dada uma distribuição estatística de variável social, econômica, física, química ou biológica, traduzir e interpretar as informações disponíveis, ou reorganizá-las, objetivando interpolações ou extrapolações.
4. Dada uma situação-problema, apresentada em uma linguagem de determinada área de conhecimento, relacioná-la com sua formulação em outras linguagens ou vice-versa.
5. A partir da leitura de textos literários consagrados e de informações sobre concepções artísticas, estabelecer relações entre eles e seu contexto histórico, social, político ou cultural, inferindo as escolhas dos temas, gêneros discursivos e recursos expressivos dos autores.
6. Com base em um texto, analisar as funções da linguagem, identificar marcas de variantes linguísticas de natureza sociocultural, regional, de registro ou de estilo, e explorar as relações entre as linguagens coloquial e formal.
7. Identificar e caracterizar a conservação e as transformações de energia em diferentes processos de sua geração e uso social, e comparar diferentes recursos e opções energéticas.
8. Analisar criticamente, de forma qualitativa ou quantitativa, as implicações ambientais, sociais e econômicas dos processos de utilização dos recursos naturais, materiais ou energéticos.
9. Compreender o significado e a importância da água e de seu ciclo para a manutenção da vida, em sua relação com condições socioambientais, sabendo quantificar variações de temperatura e mudanças de fase em processos naturais e de intervenção humana.
10. Utilizar e interpretar diferentes escalas de tempo para situar e descrever transformações na atmosfera, biosfera, hidrosfera e litosfera, origem e evolução da vida, variações populacionais e modificações no espaço geográfico.
11. Diante da diversidade da vida, analisar, do ponto de vista biológico, físico ou químico, padrões comuns nas estruturas e nos processos que garantem a continuidade e a evolução dos seres vivos.
12. Analisar fatores socioeconômicos e ambientais associados ao desenvolvimento, às condições de vida e saúde de populações humanas, por meio da interpretação de diferentes indicadores.
13. Compreender o caráter sistêmico do planeta e reconhecer a importância da biodiversidade para preservação da vida, relacionando condições do meio com intervenção humana.
14. Diante da diversidade de formas geométricas planas e espaciais, presentes na natureza ou imaginadas, caracterizá-las por meio de propriedades, relacionar seus elementos, calcular comprimentos, áreas ou volumes, e utilizar o conhecimento geométrico para leitura, compreensão e ação sobre a realidade.
15. Reconhecer o caráter aleatório de fenômenos naturais ou não e utilizar em situações-problema processos de contagem, representação de frequências relativas, construção de espaços amostrais, distribuição e cálculo de probabilidades.
16. Analisar, de forma qualitativa ou quantitativa, situações-problema referentes a perturbações ambientais, identificando fonte, transporte e destino dos poluentes, reconhecendo suas transformações; prever efeitos nos ecossistemas e no sistema produtivo e propor formas de intervenção para reduzir e controlar os efeitos da poluição ambiental.
17. Na obtenção e produção de materiais e de insumos energéticos, identificar etapas, calcular rendimentos, taxas e índices, e analisar implicações sociais, econômicas e ambientais.
18. Valorizar a diversidade dos patrimônios etnoculturais e artísticos, identificando-a em suas manifestações e representações em diferentes sociedades, épocas e lugares.
19. Confrontar interpretações diversas de situações ou fatos de natureza histórico-geográfica, técnico-científica, artístico-cultural ou do cotidiano, comparando diferentes pontos de vista, identificando os pressupostos de cada interpretação e analisando a validade dos argumentos utilizados.
20. Comparar processos de formação socioeconômica, relacionando-os com seu contexto histórico e geográfico.
21. Dado um conjunto de informações sobre uma realidade histórico
geográfica, contextualizar e ordenar os eventos registrados, compreendendo a importância dos fatores sociais, econômicos, políticos ou culturais.

Fonte: elaborada a partir dos dados do Relatório Pedagógico ENEM 2000

O ENEM apresentou-se em 2000 como um instrumento que, dando ênfase à verificação da estrutura de competências associadas aos conteúdos, poderia oferecer às universidades um instrumento para fazer uso em seus processos de seleção (INEP, 2001).

> A Matriz de Competências pressupõe, ainda, que a competência de ler, compreender, interpretar e produzir textos, no sentido amplo do termo, não se desenvolve unicamente

na aprendizagem da língua portuguesa, mas em todas as áreas e disciplinas que estruturam as atividades pedagógicas na escola. O participante deve, portanto, demonstrar, concomitantemente, possuir instrumental de comunicação e expressão adequado, tanto para a compreensão de um problema matemático quanto para a descrição de um processo físico, químico ou biológico e, mesmo, para a percepção das transformações de espaço/ tempo da história, da geografia e da literatura. (BRASIL. INEP, 2001, 13-14).

O exame foi elaborado com base nas competências e habilidades descritas nas Figuras 2 e 3 sem haver separação por áreas do conhecimento.

4.1.1 A Prova de redação

Começo a análise da prova pela redação, que foi a primeira questão do exame no ano de 2000. Ao tratar da redação, o Relatório Pedagógico do ano de 2000 do ENEM diz que o "participante é considerado como um *escritor*, autor de um texto que atende à proposta feita por outros interlocutores" e que a avaliação terá como base as mesmas cinco competências da prova objetiva, "mas 'traduzidas' para uma situação específica de produção de texto" (BRASIL. INEP, 2001, p. 15).

A redação teve como tema *Direitos da criança e do adolescente: como enfrentar esse desafio nacional?*, apresentando como suporte quatro textos, e solicitando, no comando, que o candidato desenvolvesse um texto dissertativo-argumentativo, envolvendo a elaboração de uma proposta para a solução do problema apresentado..

O conjunto de textos do suporte discute a necessidade de ter foco na proteção da criança e do adolescente.

Figura 4 – Redação

REDAÇÃO

(Angeli, *Folha de S. Paulo*, 14.05.2000)

"É dever da família, da sociedade e do Estado assegurar à criança e ao adolescente, com absoluta prioridade, o direito à saúde, à alimentação, à cultura, à dignidade, ao respeito, à liberdade e à convivência familiar e comunitária, além de colocá-los a salvo de toda forma de negligência, discriminação, exploração, crueldade e opressão".

Artigo 227, *Constituição da República Federativa do Brasil.*

(...) Esquina da Avenida Desembargador Santos Neves com *Rua José Teixeira, na Praia do Canto, área nobre de Vitória. A.J., 13 anos, morador de Cariacica, tenta ganhar algum trocado vendendo balas para os motoristas. (...) "Venho para a rua desde os 12 anos. Não gosto de trabalhar aqui, mas não tem outro jeito. Quero ser mecânico".*

A Gazeta, Vitória (ES), 9 de junho de 2000.

Entender a infância marginal significa entender porque um menino vai para a rua e não à escola. Essa é, em essência, a diferença entre o garoto que está dentro do carro, de vidros fechados, e aquele que se aproxima do carro para vender chiclete ou pedir esmola. E essa é a diferença entre um país desenvolvido e um país de Terceiro Mundo.

Gilberto Dimenstein. *O cidadão de papel.* São Paulo, Ática, 2000. 19a. edição.

Com base na leitura da charge, do artigo da Constituição, do depoimento de A.J. e do trecho do livro *O cidadão de papel*, redija um texto em prosa, do tipo dissertativo-argumentativo, sobre o tema: *Direitos da criança e do adolescente: como enfrentar esse desafio nacional?*

Ao desenvolver o tema proposto, procure utilizar os conhecimentos adquiridos e as reflexões feitas ao longo de sua formação. Selecione, organize e relacione argumentos, fatos e opiniões para defender o seu ponto de vista, elaborando propostas para a solução do problema discutido em seu texto.

Observações:

▸ Lembre-se de que a situação de produção de seu texto requer o uso da modalidade escrita culta da língua.

▸ Espera-se que o seu texto tenha mais do que 15 (quinze) linhas.

▸ A redação deverá ser apresentada a tinta na cor preta e desenvolvida na folha própria.

▸ Você poderá utilizar a última folha deste Caderno de Questões para rascunho.

Fonte: questão de redação – Prova amarela – ENEM 2000

A situação-problema apresentada na questão é a infância que vive à margem da sociedade, abandonada pelas ruas dos grandes centros, causando desesperança. Ao apresentar os quatro textos sobre a mesma temática, a questão desafia o candidato a analisar um problema que está presente no cotidiano de nossa sociedade e que ameaça nosso futuro. Um país que não assegura os direitos das crianças e dos adolescentes não avançará em termos sociais e econômicos e contribuirá para alargar cada vez mais as desigualdades sociais.

O conjunto de textos é de gêneros textuais que, de acordo com a peculiaridade e a função social de cada um, apresentam o tema da redação: a crítica da charge; o depoimento que apresenta exemplo da criança que trabalha na rua; o artigo da Constituição que regula os direitos das crianças e dos adolescentes; o texto de Dimenstein, que convida o leitor a entender por que uma criança vai para rua e não para a escola.

A seleção de textos ofereceu informações que poderiam ser transformadas em argumentos, de acordo com a vivência do aluno. Foi possível selecionar, aproximar e comparar as informações com o objetivo de apresentar uma proposta para a situação-problema que o comando solicitou. A forma como o assunto foi apresentado contribuiu com o encadeamento das ideias na produção do texto, uma vez que o tema está próximo ao cotidiano dos estudantes e é apresentado em uma linguagem que não é complexa. A prova também pediu que os estudantes marcassem na redação sua experiência de cidadã, para elaborar uma proposta que garanta os direitos das crianças e dos adolescentes, o conjunto de textos apresentado deu base para a produção do texto sobre o tema pedido.

Os textos que dão suporte à questão apresentam cenários que se antagonizam: o cenário da pobreza e exclusão, e o cenário do desenvolvimento. A charge e o depoimento de A. J. se concentram na infância que vive e que trabalha nas ruas. Em ambos, essas crianças esperam ter dias melhores. Mesmo a charge sendo um texto que tem por objetivo a crítica, as crianças acreditam em personagens que o comércio diz que trazem presentes em datas festivas. Em seu depoimento, A.J. diz que vende bala no sinal, mas que seu projeto é ser mecânico. Para os que não estão nas condições socioeconômicas dele pode parecer um projeto fácil de ser realizado, entretanto é sonho possível para o menino que vende balas para ajudar a família a sobreviver.

O artigo 227 da Constituição regula os direitos da criança e do adolescente com um texto que enche de esperança quem lê. O texto de Dimenstein ultrapassa o limite da concretude, acenando para o projeto de sociedade pelo qual devemos trabalhar para ter e denunciando o que realmente temos. Ambos despertam para a importância em investir na educação para desenvolvimento de crianças e jovens.

Em 2000, o Estatuto da Criança e do Adolescente completava 10 anos e por abranger um tema social importantíssimo era um assunto muito discutido na mídia brasileira naquele ano. Portanto, a expectativa era que o tema contribuísse de forma positiva para que o estudante utilizasse sua experiência cidadã e apresentasse proposta de intervenção para um problema que traz novos desafios todos os dias e que abarca vários aspectos: saúde, educação, moradia, família, acesso à cultura, violência, drogas.

Cada texto da questão constitui um desafio único. Os quatro configuram um grau de dificuldade médio. A charge, por ser um texto misto e por conter ironia, pode oferecer dificuldade de leitura. Por outro lado, os textos cumprem o objetivo de avaliação formativa, com espírito crítico, pois, ao ler os textos e escrever sobre o que se pede, os alunos são instados a refletir sobre tema proposto o que faz com que, fazendo a prova, aprendam sobre o assunto desenvolvido no texto que foram instados a produzir.

A temática dos direitos da criança e do adolescente é muito discutida e impõe desafios aos governantes e à sociedade. O fato de os estudantes de classes sociais distintas serem informados sobre o tópico por meio do suporte, faz com que a questão ofereça chances mais igualitárias de sucesso aos estudantes que fazem a prova, independentemente da origem social e do capital cultural incorporado. Entretanto é uma prova que discute o problema sob a ótica urbana, perspectiva que pode criar dificuldades para candidatos que moram em zona rural.

A proposta de redação do ENEM em 2000 favoreceu a elaboração da proposta de intervenção sobre a importância da inclusão social da infância e da adolescência que vive nas ruas. O suporte oferecido na questão deu subsídios e encaminhou para a reflexão do paradoxo que existe entre o compromisso assumido na Constituição e as realidades apresentadas nos textos, de modo que os estudantes que fizeram a prova pudessem produzir uma redação que manifestasse o quanto um país que ainda tem crianças morando na rua, crianças vendendo balas em sinais de trânsito precisa de investir em políticas públicas que estreitem o hiato de oportunidades que existe "entre o garoto que está dentro do carro, de vidros fechados, e aquele que se aproxima do carro para vender chiclete".

4.1.2 As questões objetivas

Concentro-me nas questões objetivas, prova amarela, ano 2000, e foram selecionadas questões que aferiram as habilidades 5, 18 e 19 (as habilidades serão descritas antes de cada bloco de análise). Para fazer o recorte das habilidades a serem analisadas, procurei evitar um conteúdo predeterminado com questões de uma formulação mais genérica, que a princípio seriam mais acessíveis aos candidatos independentemente de sua classe social. Esse recorte será seguido nas provas de 2010 e 2019.

As questões 1, 20 e 46 verificam a habilidade 5:

> [...] a partir da leitura de textos literários consagrados e de informações sobre concepções artísticas, estabelecer relações entre eles e seu contexto histórico, social, político ou cultural, inferindo as escolhas dos temas, gêneros discursivos e recursos expressivos dos autores.

Figura 5 – Questão objetiva 1

1

Ferreira Gullar, um dos grandes poetas brasileiros da atualidade, é autor de "Bicho urbano", poema sobre a sua relação com as pequenas e grandes cidades.

Bicho urbano

Se disser que prefiro morar em Pirapemas
ou em outra qualquer pequena cidade do país
estou mentindo
ainda que lá se possa de manhã
lavar o rosto no orvalho
e o pão preserve aquele branco
sabor de alvorada.

A natureza me assusta.
Com seus matos sombrios suas águas
suas aves que são como aparições
me assusta quase tanto quanto
esse abismo
de gases e de estrelas
aberto sob minha cabeça.

(GULLAR, Ferreira. *Toda poesia*. Rio de Janeiro: José Olympio Editora, 1991)

Embora não opte por viver numa pequena cidade, o poeta reconhece elementos de valor no cotidiano das pequenas comunidades. Para expressar a relação do homem com alguns desses elementos, ele recorre à sinestesia, construção de linguagem em que se mesclam impressões sensoriais diversas. Assinale a opção em que se observa esse recurso.

(A) "e o pão preserve aquele branco / sabor de alvorada."
(B) "ainda que lá se possa de manhã / lavar o rosto no orvalho"
(C) "A natureza me assusta. / Com seus matos sombrios suas águas"
(D) "suas aves que são como aparições / me assusta quase tanto quanto"
(E) "me assusta quase tanto quanto / esse abismo / de gases e de estrelas"

Fonte: questão 01 - Prova amarela – Linguagens, códigos e suas tecnologias - ENEM 2000

A questão verificou a capacidade de o estudante construir sentido a partir do uso da linguagem conotativa. Ao apresentar, no enunciado, o conceito de sinestesia, a questão propõe que, de posse da informação, o aluno seja capaz de compreender o fenômeno e de identificar o conceito que lhe é dado no poema de Ferreira Goulart. O suporte oferecido na questão oferece elementos que podem ser utilizados na estruturação do raciocínio lógico, uma vez que na apresentação do texto indica que o poema fala sobre a relação do autor com as pequenas e grandes cidades. Pode-se inferir que o eu-lírico do poema escolheu morar na cidade grande, afinal é um bicho urbano.

O texto da questão é um poema que faz uso de linguagem conotativa e usa palavras como "orvalho" e "alvorada" que podem não fazer parte do vocabulário de alguns alunos que fazem o exame. Entretanto, traz o conceito de sinestesia, utilizando um tipo de abordagem que equaliza ou busca minimizar as lacunas entre as diferenças de capital cultural dos que fazem a prova.

Das alternativas apresentadas, apenas a letra (A) "e o pão preserve aquele branco / sabor de alvorada" mescla impressões sensoriais. A visão: branco e alvorada e o paladar: sabor. Os versos das outras alternativas recorrem à conotação, mas não fazem uso da sinestesia e não há entre as opções uma alternativa que se possa confundir com a sinestesia.

Para a questão 1, o gabarito indica como correta a alternativa A.

Figura 6 – Questão objetiva 20

20

"Poética", de Manuel Bandeira, é quase um manifesto do movimento modernista brasileiro de 1922. No poema, o autor elabora críticas e propostas que representam o pensamento estético predominante na época.

Poética

Estou farto do lirismo comedido
Do lirismo bem comportado
Do lirismo funcionário público com livro de ponto expediente protocolo e
*   [manifestações de apreço ao Sr. diretor.*

Estou farto do lirismo que pára e vai averiguar no dicionário o
*   [cunho vernáculo de um vocábulo*

Abaixo os puristas
....

Quero antes o lirismo dos loucos
O lirismo dos bêbedos
O lirismo difícil e pungente dos bêbedos
O lirismo dos clowns de Shakespeare

— Não quero mais saber do lirismo que não é libertação.

(BANDEIRA, Manuel. *Poesia Completa e Prosa.*
Rio de Janeiro. Aguilar, 1974)

Com base na leitura do poema, podemos afirmar corretamente que o poeta:

(A)   critica o lirismo louco do movimento modernista.
(B)   critica todo e qualquer lirismo na literatura.
(C)   propõe o retorno ao lirismo do movimento clássico.
(D)   propõe o retorno ao lirismo do movimento romântico.
(E)   propõe a criação de um novo lirismo.

Fonte: questão 20 - Prova amarela – Linguagens, códigos e suas tecnologias - ENEM 2000

O foco da questão 20 era que o participante identificasse a proposta estética que Manuel Bandeira apresenta em *Poética*. O poeta foi um dos maiores representantes da primeira fase do Modernismo. *Poética* faz críticas à estética que prevalecia antes do movimento modernista. O tom de manifesto do poema encerra ideias do Modernismo que estão relacionadas à ruptura com os modelos artísticos-literários e defendem a liberdade criativa.

Trata-se de questão que oferece suporte para que o participante utilize na estruturação do raciocínio lógico, pois o enunciado declara que no texto "o autor elabora críticas e propostas que representam o pensamento estético predominante na época".

No plano da cidadania, o poema contribui para a reflexão sobre a importância de que a língua falada no dia a dia, a língua que sai da boca do povo e, por isso mais espontânea, esteja presente nas manifestações artísticas pois ele está "farto do lirismo comedido" e declara "abaixo os puristas".

Apesar de ser um texto com carga conotativa, o enunciado colabora para que os estudantes cheguem à resposta certa. A questão tem foco na leitura e na análise. *Poética* é um poema muito explorado nos livros de Língua Portuguesa e de Literatura do ensino médio, portanto é um texto que boa parte dos estudantes que fizeram a prova deviam conhecer.

Para a questão 20, o gabarito indica como correta a alternativa E.

Figura 7 – Questão objetiva 46

46

Em muitos jornais, encontramos charges, quadrinhos, ilustrações, inspirados nos fatos noticiados. Veja um exemplo:

Jornal do Commercio, 22/8/93

O texto que se refere a uma situação semelhante à que inspirou a charge é:

(A) Descansem o meu leito solitário
Na floresta dos homens esquecida,
À sombra de uma cruz, e escrevam nela
– Foi poeta – sonhou – e amou na vida.
(AZEVEDO, Álvares de. *Poesias escolhidas*. Rio de Janeiro/Brasília: José Aguilar/INL, 1971)

(B) Essa cova em que estás
Com palmos medida,
é a conta menor
que tiraste em vida.
É de bom tamanho,
Nem largo nem fundo,
É a parte que te cabe
deste latifúndio.
(MELO NETO, João Cabral de. *Morte e Vida Severina e outros poemas em voz alta*. Rio de Janeiro: Sabiá, 1967)

(C) Medir é a medida
mede
A terra, medo do homem, a lavra;
lavra
duro campo, muito cerco, vária várzea.
(CHAMIE, Mário. *Sábado na hora da escutas*. São Paulo: Summums, 1978)

(D) Vou contar para vocês
um caso que sucedeu
na Paraíba do Norte
com um homem que se chamava
Pedro João Boa-Morte,
lavrador de Chapadinha:
talvez tenha morte boa
porque vida ele não tinha.
(GULLAR, Ferreira. *Toda poesia*. Rio de Janeiro: Civilização Brasileira, 1983)

(E) Trago-te flores, – restos arrancados
Da terra que nos viu passar
E ora mortos nos deixa e separados.
(ASSIS, Machado de. *Obra completa*. Rio de Janeiro: Nova Aguillar, 1986)

Fonte: questão 46 - Prova amarela – Linguagens, códigos e suas tecnologias - ENEM 2000

Nessa questão, os participantes foram instados, a partir da leitura da charge, a identificar um problema de nosso país: a demarcação de terras indígenas. Para chegar à resposta correta, foi preciso que estabelecessem relações de sentido entre diferentes linguagens: a charge e o poema. Tiveram de lidar com a intertextualidade.

O tema da questão suscita a reflexão sobre cidadania, uma vez que a luta dos indígenas por demarcação de terras está sempre na ordem do dia e muitas vezes termina com sua morte, situação em que finalmente terão sua "terra demarcada". É exatamente sobre isso que o trecho do poema de João Cabral fala.

A parte do latifúndio que cabe ao retirante nordestino depois de uma vida de luta pela sobrevivência é a cova. A charge apresenta covas abertas, mesmo vocábulo que abre o poema de João Cabral, estabelecendo uma correlação denotativa, que leva à resposta correta. Apesar de a aproximação se dar por meio de linguagens diferentes, a ligação é imediata, direta.

A questão privilegia a leitura e análise dos textos e dá menor relevância ao conteúdo. A demarcação das terras indígenas tem por objetivo garantir o direto indígena à terra, estabelecendo a extensão de posse e assegurando os limites demarcados o que impede a ocupação por terceiros. O tema da questão provoca reflexão sobre justiça social.

Para a questão 46, o gabarito indica como correta a alternativa B.

As três questões analisadas oferecem suporte que permitem avaliar a habilidade 5, uma vez que a questão 1 trata das diferenças entre a vida rural e a urbana, utilizando-se da linguagem conotativa (sinestesia); a questão 20 aborda a ruptura com os modelos artísticos e literários proposta pelo movimento Modernista e a 46 suscita, por meio da charge de Miguel e do poema de João Cabral de Melo Neto, que o participante reflita sobre a importância da demarcação de terras indígenas.

As questões 17, 29 e 33 verificam a habilidade 18: valorizar a diversidade dos patrimônios etnoculturais e artísticos, identificando-a em suas manifestações e representações em diferentes sociedades, épocas e lugares.

Figura 8 – Questão objetiva 17

—17—

Os quatro calendários apresentados abaixo mostram a variedade na contagem do tempo em diversas sociedades.

1º DE JANEIRO DE 2000	24 DE RAMADA DE 1378	23 DE TEVET DE 5760	7º DIA DO 12º MÊS DO ANO DO COELHO
✠ OCIDENTAL (Gregoriano)	☪ ISLÂMICO	✡ JUDAICO	卍 CHINÊS
■ Baseado no ciclo solar, tem como referência o nascimento de Cristo	■ A base é a Lua. Inicia-se com a fuga de Maomé de Meca, em 622 d. C.	■ Calendário lunar, parte da criação do mundo conforme a Bíblia.	■ Referência lunar. Iniciado em 2697 a. C., ano do patriarca chinês Huangti.

Fonte: Adaptado de *Época*, nº 55, 7 de junho de 1999

Com base nas informações apresentadas, pode-se afirmar que:

(A) o final do milênio, 1999/2000, é um fator comum às diferentes culturas e tradições.

(B) embora o calendário cristão seja hoje adotado em âmbito internacional, cada cultura registra seus eventos marcantes em calendário próprio.

(C) o calendário cristão foi adotado universalmente porque, sendo solar, é mais preciso que os demais.

(D) a religião não foi determinante na definição dos calendários.

(E) o calendário cristão tornou-se dominante por sua antiguidade.

Fonte: questão 17 - Prova amarela – Linguagens, códigos e suas tecnologias - ENEM 2000

A questão reuniu um conjunto de informações sobre tradições culturais e destacou a importância da religião na formação cultural dos povos e no modo de contar o tempo. Para que a resposta correta fosse marcada, era preciso que o estudante fizesse leitura e análise atentas do conjunto de informações dado no suporte e do que foi pedido no comando da questão.

O suporte informa que o calendário denominado Gregoriano é o que conta o tempo a partir do nascimento de Cristo, o que colabora com o raciocínio lógico para que o estudante chegasse à resposta correta.

É uma questão que oferece oportunidade de reflexão sobre cidadania, visto que o calendário cristão não é a única referência utilizada na contagem do tempo e que as diferenças nessa contagem se estabelecem conforme as tradições culturais de uma sociedade.

Para a questão 17, o gabarito indica como correta a alternativa B.

Figura 9 – Questão objetiva 29

29

O texto abaixo foi extraído de uma crônica de Machado de Assis e refere-se ao trabalho de um escravo.

"Um dia começou a guerra do Paraguai e durou cinco anos, João repicava e dobrava, dobrava e repicava pelos mortos e pelas vitórias. Quando se decretou o ventre livre dos escravos, João é que repicou. Quando se fez a abolição completa, quem repicou foi João. Um dia proclamou-se a República. João repicou por ela, repicaria pelo Império, se o Império retornasse."

(MACHADO, Assis de. *Crônica sobre a morte do escravo João*, 1897)

A leitura do texto permite afirmar que o sineiro João:

(A) por ser escravo tocava os sinos, às escondidas, quando ocorriam fatos ligados à Abolição.

(B) não poderia tocar os sinos pelo retorno do Império, visto que era escravo.

(C) tocou os sinos pela República, proclamada pelos abolicionistas que vieram libertá-lo.

(D) tocava os sinos quando ocorriam fatos marcantes porque era costume fazê-lo.

(E) tocou os sinos pelo retorno do Império, comemorando a volta da Princesa Isabel.

Fonte: questão 29 - Prova amarela – Linguagens, códigos e suas tecnologias - ENEM 2000

A atividade de João, homem escravizado, é tocar sinos para celebrar grandes acontecimentos. Não importava de quais tipos fossem esses acontecimentos, se estavam ligados ou não às transformações políticas. João tocava os sinos. Podemos inferir que a repetição do gesto de tocar os sinos, apresentada no texto, faz com que a função de João seja rotineira, e, por isso, o sineiro seguia realizando seu ofício sem refletir sobre o motivo das comemorações que seu sino anunciava. A exceção ocorre "quando se fez a abolição completa", acontecimento mais importante para etnia do tocador de sino, pois "quem repicou foi João".

A questão supõe leitura e análise e requer que o estudante vincule a repetição cíclica do gesto de tocar o sino e o desconhecimento de João sobre os acontecimentos que estavam sendo festejados. Trata-se de questão que provoca reflexão sobre cidadania. Afinal, o tocador de sino não sabia o que provocara o repicar dos sinos, nem o porquê desse repicar, nem o que eram fatos marcantes.

As opções de resposta colaboram para a estruturação do raciocínio lógico, pois o texto declara que *"Um dia proclamou-se a República. João repicou por ela, repicaria pelo Império, se o Império retornasse"*.

Para a questão 29, o gabarito indica como correta a alternativa D

Figura 10 – Questão objetiva 33

O autor do texto abaixo critica, ainda que em linguagem metafórica, a sociedade contemporânea em relação aos seus hábitos alimentares.

"Vocês que têm mais de 15 anos, se lembram quando a gente comprava leite em garrafa, na leiteria da esquina? (...)
Mas vocês não se lembram de nada, pô! Vai ver nem sabem o que é vaca. Nem o que é leite. Estou falando isso porque agora mesmo peguei um pacote de leite – leite em pacote, imagina, Tereza! – na porta dos fundos e estava escrito que é pasterizado, ou pasteurizado, sei lá, tem vitamina, é garantido pela embromatologia, foi enriquecido e o escambau.
Será que isso é mesmo leite? No dicionário diz que leite é outra coisa: 'Líquido branco, contendo água, proteína, açúcar e sais minerais'. Um alimento pra ninguém botar defeito. O ser humano o usa há mais de 5.000 anos. É o único alimento só alimento. A carne serve pro animal andar, a fruta serve pra fazer outra fruta, o ovo serve pra fazer outra galinha (...) O leite é só leite. Ou toma ou bota fora.
Esse aqui examinando bem, é só pra botar fora. Tem chumbo, tem benzina, tem mais água do que leite, tem serragem, sou capaz de jurar que nem vaca tem por trás desse negócio.
Depois o pessoal ainda acha estranho que os meninos não gostem de leite. Mas, como não gostam? Não gostam como? Nunca tomaram! Múúúúúúú!"

(FERNANDES, Millôr. *O Estado de S. Paulo*, 22 de agosto de 1999)

—33———

A palavra *embromatologia* usada pelo autor é:

(A) um termo científico que significa estudo dos bromatos.
(B) uma composição do termo de gíria "embromação" (enganação) com bromatologia, que é o estudo dos alimentos.
(C) uma junção do termo de gíria "embromação" (enganação) com lactologia, que é o estudo das embalagens para leite.
(D) um neologismo da química orgânica que significa a técnica de retirar bromatos dos laticínios.
(E) uma corruptela de termo da agropecuária que significa a ordenha mecânica.

Fonte: questão 33 - Prova amarela – Linguagens, códigos e suas tecnologias - ENEM 2000

Millôr Fernandes critica a produção contemporânea de leite com humor e cria a palavra embromatologia para denunciar, de forma bem-humorada, o modo artificial da produção de alimentos. A embramatologia seria um recurso que a indústria alimentícia usa para ludibriar o consumidor.

O estudante precisava vincular o significado do coloquialismo embromação com a palavra bromatologia. Além disso, era necessário que inferisse que bromatologia é a ciência que estuda os alimentos.

É uma questão que avalia os conhecimentos de formação de palavras e as alternativas contribuem com a construção do raciocínio lógico para que o estudante chegue à resposta correta. Contribui para formação cidadã por tratar dos modos de produção de alimentos que, conforme sejam produzidos, podem impactar negativamente nossa saúde.

Para a questão 33, o gabarito indica como correta a alternativa B.

As três questões oferecem suporte para que o participante chegue à resposta correta e para testar a habilidade 18: contagem do tempo em diferentes tradições culturais (17); o escravizado a quem não é dada a chance de saber por que realiza determinada função (29) e o modo de produção de alimentos (33).

As questões 4, 24 e 32 verificam a habilidade: confrontar interpretações diversas de situações ou fatos de natureza histórico-geográfica, técnico-científica, artístico-cultural ou do cotidiano, comparando diferentes pontos de vista, identificando os pressupostos de cada interpretação e analisando a validade dos argumentos utilizados.

Figura 11 – Questão objetiva 4

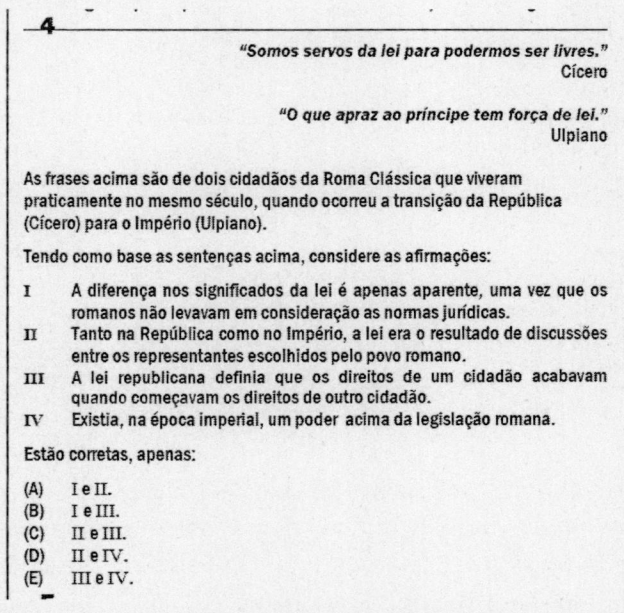

4

"Somos servos da lei para podermos ser livres."
Cícero

"O que apraz ao príncipe tem força de lei."
Ulpiano

As frases acima são de dois cidadãos da Roma Clássica que viveram praticamente no mesmo século, quando ocorreu a transição da República (Cícero) para o Império (Ulpiano).

Tendo como base as sentenças acima, considere as afirmações:

I A diferença nos significados da lei é apenas aparente, uma vez que os romanos não levavam em consideração as normas jurídicas.

II Tanto na República como no Império, a lei era o resultado de discussões entre os representantes escolhidos pelo povo romano.

III A lei republicana definia que os direitos de um cidadão acabavam quando começavam os direitos de outro cidadão.

IV Existia, na época imperial, um poder acima da legislação romana.

Estão corretas, apenas:

(A) I e II.
(B) I e III.
(C) II e III.
(D) II e IV.
(E) III e IV.

Fonte: questão 04 - Prova amarela – Linguagens, códigos e suas tecnologias - ENEM 2000

A questão 4 solicita que o participante identifique a diferença entre República Romana e o Império Romano a partir de duas frases de autores distintos que tratam de como vigoravam as leis em cada modo de governo.

Entre as categorias que estão sendo analisadas, nesta questão sobressai o papel da cidadania, dado que as duas frases suscitam reflexão sobre como o papel das leis na vida das pessoas pode ser alterado conforme a forma de governo.

Trata-se de questão que está centrada na interpretação das frases. O suporte oferecido, principalmente o enunciado, contribuiu para a leitura e análise das frases. Em função disso, é uma questão que colabora para estruturação do raciocínio lógico quando apresenta as opções de resposta, pois, enquanto Cícero descreve um cenário mais democrático sobre o uso da lei, em sua frase está embutido o conceito de coletividade, Ulpiano apresenta um contexto autoritário, o que está embutido em sua frase é a vontade de um poder que estava acima da legislação.

Para a questão 4, o gabarito indica como correta a alternativa E.

Figura 12 – Questão objetiva 24

—24————————————————————

"Casa que não entra sol, entra médico." Esse antigo ditado reforça a importância de, ao construirmos casas, darmos orientações adequadas aos dormitórios, de forma a garantir o máximo conforto térmico e salubridade.

Assim, confrontando casas construídas em Lisboa (ao norte do Trópico de Câncer) e em Curitiba (ao sul do Trópico de Capricórnio), para **garantir a necessária luz do sol**, as janelas dos quartos **não** devem estar voltadas, respectivamente, para os pontos cardeais:

(A)   norte/sul.
(B)   sul/norte.
(C)   leste/oeste.
(D)   oeste/leste.
(E)   oeste/oeste.

Fonte: questão 12 - Prova amarela – Linguagens, códigos e suas tecnologias - ENEM 2000

Para responder corretamente à questão 24, o estudante teve de utilizar os referenciais de orientação com base na posição do Sol, ou seja, a posição do Sol em relação aos pontos cardeais em hemisférios diferentes.

Apesar de partir de um ditado popular, e de explicar que o antigo ditado reflete a importância de "garantir o máximo conforto térmico e salubridade" nas construções de casas, a questão tem foco no conteúdo.

Para chegar à resposta correta, o estudante precisaria ter conhecimentos prévios de geografia e de como se dá a movimentação do sol.

A questão não ofereceu no suporte informações que colaboram para a estruturação do raciocínio lógico, o que poderia cooperar para que o estudante chegasse à resposta certa.

Para a questão 4, o gabarito indica como correta a alternativa A.

Figura 13 – Questão objetiva 32

O autor do texto abaixo critica, ainda que em linguagem metafórica, a sociedade contemporânea em relação aos seus hábitos alimentares.

"Vocês que têm mais de 15 anos, se lembram quando a gente comprava leite em garrafa, na leiteria da esquina? (...)
Mas vocês não se lembram de nada, pô! Vai ver nem sabem o que é vaca. Nem o que é leite. Estou falando isso porque agora mesmo peguei um pacote de leite – leite em pacote, imagina, Terezai – na porta dos fundos e estava escrito que é pasterizado, ou pasteurizado, sei lá, tem vitamina, é garantido pela embromatologia, foi enriquecido e o escambau.
Será que isso é mesmo leite? No dicionário diz que leite é outra coisa: 'Líquido branco, contendo água, proteína, açúcar e sais minerais'. Um alimento pra ninguém botar defeito. O ser humano o usa há mais de 5.000 anos. É o único alimento só alimento. A carne serve pro animal andar, a fruta serve pra fazer outra fruta, o ovo serve pra fazer outra galinha (...) O leite é só leite. Ou toma ou bota fora.
Esse aqui examinando bem, é só pra botar fora. Tem chumbo, tem benzina, tem mais água do que leite, tem serragem, sou capaz de jurar que nem vaca tem por trás desse negócio.
Depois o pessoal ainda acha estranho que os meninos não gostem de leite. Mas, como não gostam? Não gostam como? Nunca tomaram! Múúúúúúú!"

(FERNANDES, Millôr. *O Estado de S. Paulo,* 22 de agosto de 1999)

32

A crítica do autor é dirigida:

(A) ao desconhecimento, pelas novas gerações, da importância do gado leiteiro para a economia nacional.

(B) à diminuição da produção de leite após o desenvolvimento de tecnologias que têm substituído os produtos naturais por produtos artificiais.

(C) à artificialização abusiva de alimentos tradicionais, com perda de critério para julgar sua qualidade e sabor.

(D) à permanência de hábitos alimentares a partir da revolução agrícola e da domesticação de animais iniciada há 5.000 anos.

(E) à importância dada ao pacote de leite para a conservação de um produto perecível e que necessita de aperfeiçoamento tecnológico.

Fonte: questão 32 - Prova amarela – Linguagens, códigos e suas tecnologias - ENEM 2000

Para resolver a questão 32, o estudante precisou interpretar o texto e inferir que o autor critica a prática da indústria alimentícia de artificializar sua produção, fazendo com que haja perda de critério para julgar qualidade e sabor dos alimentos. O foco da crítica é a produção do leite, um alimento dos mais tradicionais que agora é vendido em pacotes e que "tem chumbo, tem benzina, tem mais água do que leite, tem serragem...", mas está longe de ser leite.

Merece destaque a parte do texto em que o autor faz pequena relação sobre a utilidade dos alimentos e diz que "O leite é só leite. Ou toma ou bota fora". Se o leite "É o único alimento só alimento", por que precisa de passar por industrialização a ponto de perder suas características, seu sabor?

A pauta sobre a produção de alimentos é objeto de discussão há muito tempo e é consenso que necessitamos investir numa produção de alimentos que não use substâncias que farão mal à saúde humana e animal. Por essa razão a questão colabora para formação cidadã uma vez que, recorrendo ao humor, faz com que o estudante reflita sobre a importância de produzirmos alimentos que não sejam artificiais. A questão apresenta suporte para que o participante estruture o raciocínio lógico, pois a única resposta possível é a letra C. As outras opções não confundiram o estudante que fez a prova.

Para a questão 32, o gabarito indica como correta a alternativa C.

A habilidade 19 concentra-se na leitura e na análise de argumentos. As questões 4 e 32 versam, respectivamente, sobre o papel das leis na vida de um povo que varia conforme a forma de governo e sobre o modo artificial de produção dos alimentos. As duas questões estão centradas na interpretação e oferecem suporte que favorece o raciocínio lógico. A questão 24 testa a habilidade 19, mas privilegia o conteúdo.

O exame favoreceu reflexões sobre o papel da cidadania na formação dos jovens que fizeram a avaliação. Conforme o Relatório Pedagógico,

> A Matriz de Competências pressupõe, ainda, que a competência de ler, compreender, interpretar e produzir textos, no sentido amplo do termo, não se desenvolve unicamente na aprendizagem da língua portuguesa, mas em todas as áreas e disciplinas que estruturam as atividades pedagógicas na escola. (INEP, 2001, p. 13).

A expectativa da prova era que o estudante fizesse uso de sua capacidade de leitura, compreensão e intepretação para, partindo do suporte, chegar à resposta correta. Essa competência leitora era esperada também na prova de redação com o objetivo de que o participante produzisse seu texto, após a leitura do conjunto de textos apresentado na prova.

A análise das habilidades 05, 18 e 19 confirma essas características da prova. Confirma-se também, a partir das questões analisadas, que o ENEM do ano de 2000 foi uma prova de leitura e análise e que as questões contribuíram para que, a partir da exploração dos textos que fazem parte do suporte, dos enunciados e das alternativas de resposta o participante tivesse chance de chegar à resposta correta. A exceção se dá na questão na questão 24 que, ao mensurar um tópico de geografia, privilegia o conteúdo.

O capital cultural requerido nas questões analisadas, exceto na 24, não constitui dificuldade adicional, não representa entrave a que o estudante apresente bom desempenho na prova, tendo em vista as características de elaboração das questões analisadas.

4.2 O ENEM 2010

Em 2009, quando o ENEM chegava à sua 12ª edição, o exame passou por uma grande reformulação, considerada necessária para que o Novo Enem se tornasse o principal meio de entrada nas graduações das instituições federais.

O relatório do ano de 2000 reconhece que a "passagem de ensino de elite para educação de massa" requer esforço para desenvolver em todos os estudantes "as competências essenciais ao pleno exercício da cidadania" (INEP, 2001, p. 5) e o Relatório Pedagógico 2009/2010 declara que houve reformulação das Matrizes de Referência do ENEM:

> [...] foi a partir de 2009 que o Enem se tornou uma das principais vias de acesso às Universidades Federais do País. Diante desse novo cenário, o INEP viu-se na necessidade de não apenas se organizar para um crescente número de participantes, mas ampliar e tornar mais claros os objetos de conhecimentos avaliados. Para tanto, ainda naquele ano, houve a reformulação das Matrizes de Referência para o Enem, tomando como base as Matrizes de Referência do Exame Nacional para Certificação de Competências de Jovens e Adultos (ENCCEJA), estruturado em quatro áreas do conhecimento. (BRASIL. INEP, 2013, p. 7).

O documento assume que a razão da mudança foi a entrada das universidades federais do país para o conjunto de IES que adotam o exame como prova de acesso aos cursos de graduação. Além da reformulação das matrizes de referência, houve também mudança na estrutura da prova. A partir de 2009, o exame passou a ter 180 questões (45 para cada área do conhecimento) e a prova de redação, passando a ser aplicado em dois dias. O exame que fora criado para avaliar o ensino médio, a partir de 2009 passa também a ser o maior vestibular do país, que, por meio do SiSU, seleciona "candidatos a vagas em cursos de graduação disponibilizadas pelas instituições públicas de educação superior participantes" (BRASIL, 2010), operando nos processos de alocação dos candidatos às vagas das universidades do país que utilizam o ENEM como exame de acesso aos seus cursos de graduação.

Sobre os exames de acesso ao ensino superior, Bourdieu (2015) afirma que "vê-se nas oportunidades de acesso ao ensino superior o resultado de uma seleção direta ou indireta que, ao longo da escolaridade, pesa com rigor desigual sobre os sujeitos das diferentes classes sociais" (p. 47).

Investigo se a afirmação de Bourdieu pode ser comprovada, e em que medida a reformulação do ENEM, que teve como principal motivador a utilização do exame como processo de seleção para as universidades federais, oferece as mesmas possibilidades de aprovação para estudantes de classes distintas. Para isso, analisei questões da prova amarela, do ano de 2010. Conforme o Relatório Pedagógico de 2013, em 2010, as matrizes de referência para o ENEM apresentavam os seguintes eixos cognitivos comuns (Figura 4) a todas as áreas (BRASIL, INEP, 2013):

Figura 14 – Eixos cognitivos comuns – ENEM 2010 e 2019

I. Dominar linguagens (DL): dominar a norma culta da Língua Portuguesa e fazer uso das linguagens matemática, artística e científica e das línguas espanhola e inglesa.
II. Compreender fenômenos (CF): construir e aplicar conceitos das várias áreas do conhecimento para a compreensão de fenômenos naturais, de processos histórico-geográficos, da produção tecnológica e das manifestações artísticas.
III. Enfrentar situações-problema (SP): selecionar, organizar, relacionar, interpretar dados e informações representados de diferentes formas, para tomar decisões e enfrentar situações-problema.
IV. Construir argumentação (CA): relacionar informações, representadas em diferentes formas, e conhecimentos disponíveis em situações concretas, para construir argumentação consistente.
V. Elaborar propostas (EP): recorrer aos conhecimentos desenvolvidos na escola para elaboração de propostas de intervenção solidária na realidade, respeitando os valores humanos e considerando a diversidade sociocultural.

Fonte: elaborada a partir dos dados do Relatório Pedagógico ENEM 2010/2019

Os eixos cognitivos se desdobravam em competências por área do conhecimento: Ciências Humanas e suas Tecnologias constituída por seis competências; Ciências da Natureza e suas Tecnologias formada por oito competências; Matemática e suas Tecnologias, composta por sete e a de Linguagens, Códigos e suas Tecnologias composta por nove. As competências de cada área do conhecimento se desdobram em habilidades (BRASIL. INEP, 2013).

A expectativa do novo ENEM (2009) era de que o exame substituísse os vestibulares das universidades, que ajudasse a reorganizar o currículo do ensino médio e permitisse "maior mobilidade dos estudantes pelas universidades em todo o território nacional, por causa do modelo unificado de avaliação" (BRASIL, 2009, s/p).

A proposta era que tivéssemos uma prova mais voltada para investigação e menos para memorização, que avaliasse a capacidade analítica e o raciocínio do aluno, conforme declarado pelo Ministro da Educação, que à época era Fernando Haddad (BRASIL, 2009).

Para a análise das questões, da prova amarela, do ano 2010 selecionamos questões que aferiram as competências 4, 5 e 6 e suas habilidades (Figura 5). Essas competências são da área de Linguagens, Códigos e suas Tecnologias. Assim, como na prova de 2000, fizemos o recorte das competências a serem analisadas, evitando um conteúdo predeterminado com questões de uma formulação mais genérica, que a princípio seriam mais acessíveis aos candidatos, independentemente de sua classe social.

A Matriz de Referência do Novo Enem foi estruturada com o objetivo de ampliar e evidenciar os objetos de conhecimentos avaliados nas provas (INEP, 2013). Na análise da prova de 2010, as competências selecionadas têm foco na diversidade da produção artística que valoriza a capacidade interpretativa do candidato baseada em sua bagagem cultural (competência 4); no texto literário, a literatura como expressão artística, valorizando a interdisciplinaridade história e a literatura (competência 5) e nos gêneros textuais, nas funções da linguagem e na diacronia da língua (competência 6).

Figura 15 – Competências e habilidades - ENEM 2010 e 2019 – Linguagens códigos e suas tecnologias

Competência de área 4 - Compreender a arte como saber cultural e estético gerador de significação e integrador da organização do mundo e da própria identidade.

H12 - Reconhecer diferentes funções da arte, do trabalho da produção dos artistas em seus meios culturais.
H13 - Analisar as diversas produções artísticas como meio de explicar diferentes culturas, padrões de beleza e preconceitos.
H14 - Reconhecer o valor da diversidade artística e das inter-relações de elementos que se apresentam nas manifestações de vários grupos sociais e étnicos.

Competência de área 5 - Analisar, interpretar e aplicar recursos expressivos das linguagens, relacionando textos com seus contextos, mediante a natureza, função, organização, estrutura das manifestações, de acordo com as condições de produção e recepção.

H15 - Estabelecer relações entre o texto literário e o momento de sua produção, situando aspectos do contexto histórico, social e político.
H16 - Relacionar informações sobre concepções artísticas e procedimentos de construção do texto literário.
H17 - Reconhecer a presença de valores sociais e humanos atualizáveis e permanentes no patrimônio literário nacional.

Competência de área 6 – Compreender e usar os sistemas simbólicos das diferentes linguagens como meios de organização cognitiva da realidade pela constituição de significados, expressão, comunicação e informação.

H18 - Identificar os elementos que concorrem para a progressão temática e para a organização e estruturação de textos de diferentes gêneros e tipos.
H19 - Analisar a função da linguagem predominante nos textos em situações específicas de interlocução.
H20 - Reconhecer a importância do patrimônio linguístico para a preservação da memória e da identidade nacional.

Fonte: elaborada a partir dos dados do Relatório Pedagógico ENEM 2009/2010

4.2.1 A prova de redação

Figura 16 – Proposta de Redação

PROPOSTA DE REDAÇÃO

Com base na leitura dos seguintes textos motivadores e nos conhecimentos construídos ao longo de sua formação, redija texto dissertativo-argumentativo em norma culta escrita da língua portuguesa sobre o tema **O Trabalho na Construção da Dignidade Humana**, apresentando experiência ou proposta de ação social, que respeite os direitos humanos. Selecione, organize e relacione, de forma coerente e coesa, argumentos e fatos para defesa de seu ponto de vista.

O que é trabalho escravo
Escravidão contemporânea é o trabalho degradante que envolve cerceamento da liberdade

A assinatura da Lei Áurea, em 13 de maio de 1888, representou o fim do direito de propriedade de uma pessoa sobre a outra, acabando com a possibilidade de possuir legalmente um escravo no Brasil. No entanto, persistiram situações que mantêm o trabalhador sem possibilidade de se desligar de seus patrões. Há fazendeiros que, para realizar derrubadas de matas nativas para formação de pastos, produzir carvão para a indústria siderúrgica, preparar o solo para plantio de sementes, entre outras atividades agropecuárias, contratam mão de obra utilizando os contratadores de empreita, os chamados "gatos". Eles aliciam os trabalhadores, servindo de fachada para que os fazendeiros não sejam responsabilizados pelo crime.

Trabalho escravo se configura pelo trabalho degradante aliado ao cerceamento da liberdade. Este segundo fator nem sempre é visível, uma vez que não mais se utilizam correntes para prender o homem à terra, mas sim ameaças físicas, terror psicológico ou mesmo as grandes distâncias que separam a propriedade da cidade mais próxima.

Disponível em: http://www.reporterbrasil.org.br. Acesso em: 02 set.2010 (fragmento).

O futuro do trabalho
Esqueça os escritórios, os salários fixos e a aposentadoria. Em 2020, você trabalhará em casa, seu chefe terá menos de 30 anos e será uma mulher

Felizmente, nunca houve tantas ferramentas disponíveis para mudar o modo como trabalhamos e, consequentemente, como vivemos. E as transformações estão acontecendo. A crise despedaçou companhias gigantes tidas até então como modelos de administração. Em vez de grandes conglomerados, o futuro será povoado de empresas menores reunidas em torno de projetos em comum. Os próximos anos também vão consolidar mudanças que vêm acontecendo há algum tempo: a busca pela qualidade de vida, a preocupação com o meio ambiente, e a vontade de nos realizarmos como pessoas também em nossos trabalhos. "Falamos tanto em desperdício de recursos naturais e energia, mas e quanto ao desperdício de talentos?", diz o filósofo e ensaísta suíço Alain de Botton em seu novo livro *The Pleasures and Sorrows of Works* (Os prazeres e as dores do trabalho, ainda inédito no Brasil).

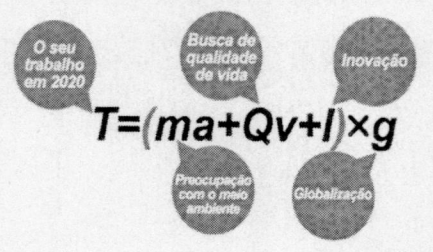

$$T=(ma+Qv+I)\times g$$

Disponível em: http://revistagalileu.globo.com. Acesso em: 02 set. 2010 (fragmento).

INSTRUÇÕES:

- Seu texto tem de ser escrito à tinta, na folha própria.
- Desenvolva seu texto em prosa: não redija narração, nem poema.
- O texto com até 7 (sete) linhas escritas será considerado texto em branco.
- O texto deve ter, no máximo, **30 linhas**.
- O **Rascunho** da redação deve ser feito no espaço apropriado.

Fonte: questão de redação – Prova amarela – ENEM 2010

O tema da redação – *O Trabalho na Construção da Dignidade Humana* – apresenta aos estudantes um conjunto de textos para que escrevam um texto dissertativo-argumentativo e elaborem uma proposta para a solução do problema indicado no enunciado da questão e nos dois textos apresentados. Ambos os textos são jornalísticos (fragmentos) e são acompanhados de imagens: a) *O que é trabalho escravo* e b) *O futuro do trabalho*.

O tema da redação, de caráter social, solicita reflexão acerca do mundo do trabalho. Enquanto o texto (a) trata do trabalho escravo, o (b) trata do futuro do trabalho. Ambos estão acompanhados por imagens: no primeiro, a de um homem adulto de costas usando uma camisa surrada e rasgada; no segundo, uma equação matemática do que será o trabalho em 2020.

Os textos verbais, jornalísticos, com linguagem objetiva, não oferecem dificuldade de leitura e análise. Entretanto, as imagens exigem leitura mais atenta. A imagem do primeiro texto apresenta um homem de costas, "sem rosto", ceifado de sua liberdade. No segundo texto, temos a imagem de uma equação matemática que sugere como será o trabalho no ano de 2020. A segunda imagem é ilustrativa, pois os itens não são somáveis, menos ainda multiplicáveis. A imagem sugere o que se pode levar em conta sobre o futuro do trabalho. Entretanto, para ler, analisar e compreender a ilustração, é preciso mobilizar conhecimentos de matemática.

Em oposição à exploração da mão de obra e ao quanto o trabalho pode ser desqualificador, de que o primeiro texto fala, o segundo acena para um futuro em que o mundo do trabalho buscará qualidade de vida e satisfação pessoal.

As mudanças no mundo do trabalho vêm sendo muito discutidas, impondo desafios a governantes e à sociedade, e doze anos após a aplicação dessa prova, ainda nos deparamos com notícias que denunciam trabalho escravo pelo Brasil, ao mesmo tempo em que o prenunciado no segundo texto está acontecendo: "em 2020 você trabalhará de casa", ainda que provocado por uma pandemia.

O tema, portanto, exige do candidato a compreensão de que o primeiro texto alerta para o fato de que o trabalho escravo não pode mais ser tolerado e deve ser extirpado do Brasil, pois o trabalho deve ser voltado para construção de valores positivos. Já a interpretação do segundo texto encaminha para as mudanças no mundo do trabalho que transcenderá o caráter individual e chegará à esfera do coletivo, utilizando tecnologias da informação e da comunicação.

Merece comentário o fato de os dois textos verbais fazerem referência à importância da preservação do ambiente. No primeiro, isso aparece em forma de denúncia:

> Há fazendeiros que, para realizar derrubadas de matas nativas para formação de pastos, produzir carvão para a indústria siderúrgica, preparar o solo para plantio de sementes, entre outras atividades agropecuárias, contratam mão de obra utilizando os contratadores de empreitada, os chamados "gatos'"

Já no segundo, a necessidade da preservação do meio ambiente se apresenta como uma preocupação do mundo do trabalho, pois nos "próximos anos também vão consolidar mudanças que vêm acontecendo há algum tempo: a busca pela qualidade de vida, a preocupação com o meio ambiente". A preservação do meio ambiente é tema de relevância para as discussões sobre trabalho, porque para que haja seres humanos saudáveis, é necessário que tenhamos meio ambiente sustentável e saudável para abrigar as pessoas.

O suporte apresentado para que o participante redija a redação colabora com o comando "selecione, organize e relacione, de forma coerente e coesa, argumentos e fatos para defesa de seu ponto de vista". Entretanto, muitos candidatos não têm acesso às "ferramentas disponíveis para mudar o modo como trabalhamos". Alguns desses jovens e suas famílias estão expostos a trabalhos que exploram sua mão de obra em funções subalternas, ficando muito distantes do futuro do trabalho descrito no segundo texto da questão. Apesar disso, o suporte da questão oferece um conjunto de textos que permite que o participante produza um texto conforme pedido no comando da questão.

4.2.2 As questões objetivas

A partir deste ponto, o foco é na análise de questões objetivas da prova de Linguagens, códigos e suas tecnologias, caderno amarelo, ano 2010. As questões selecionadas aferiram as competências 4, 5 e 6. Dividi a análise das questões objetivas em três blocos que se referem às competências e as competências foram divididas pelas habilidades correspondentes a cada uma delas.

A questão 102 testa a habilidade 12: "reconhecer diferentes funções da arte, do trabalho da produção dos artistas em seus meios culturais".

Figura 17 – Questão objetiva 102

Questão 102

Na busca constante pela sua evolução, o ser humano vem altemando a sua maneira de pensar, de sentir e de criar. Nas últimas décadas do século XVIII e no início do século XIX, os artistas criaram obras em que predominam o equilíbrio e a simetria de formas e cores, imprimindo um estilo caracterizado pela imagem da respeitabilidade, da sobriedade, do concreto e do civismo. Esses artistas misturaram o passado ao presente, retratando os personagens da nobreza e da burguesia, além de cenas míticas e histórias cheias de vigor.

RAZOUK, J. J. (Org.). **Histórias reais e belas nas telas.** Posigraf: 2003.

Atualmente, os artistas apropriam-se de desenhos, charges, grafismo e até de ilustrações de livros para compor obras em que se misturam personagens de diferentes épocas, como na seguinte imagem:

Ⓐ Romero Brito."Gisele e Tom".

Ⓑ Andy Warhol. "Michael Jackson".

Ⓒ Funny Filez."Monabean".

Ⓓ Andy Warhol. "Marlyn Monroe".

Ⓔ Pablo Picasso. "Retrato de Jaqueline Roque com as Mãos Cruzadas".

Fonte: questão 102 - Prova amarela – Linguagens, códigos e suas tecnologias - ENEM 2010

O foco da questão é que o participante identifique a proposta de artistas contemporâneos que, a partir da releitura de quadros consagrados, de charges, de ilustrações, de grafismos produzem nova obra, fazendo uma releitura da original. Ao fazer a releitura, conforme indica o comando da questão, o artista mistura personagens de diferentes épocas.

Para chegar à resposta indicada no gabarito, o aluno precisa conhecer *Mona Lisa e Mr Bean*. *Mona Lisa* é a obra Renascentista mais notável e conhecida de Leonardo da Vinci, *Mr. Bean* é uma série britânica de humor, produzida no século XX, estrelada pelo personagem que tem o mesmo nome da série. O participante teria de identificar que sobre a imagem do quadro de Da Vinci foi aplicada a foto de Mr. Bean, criando uma paródia da obra original. Além da imagem de Mr. Bean, a paródia do quadro foi batizada de *Monobean*, nome que reúne as duas referências: Mona Lisa e Mr. Bean. *Monobean* traz nas mãos um ursinho de pelúcia, objeto característico do personagem Mr. Bean.

A questão tem foco na leitura, na análise das imagens e na produção do novo quadro que é criado, quando o artista estabelece um diálogo entre a *Monalisa* e o personagem *Mr. Bean*, com o objetivo de criar humor.

Das opções apresentadas na questão, apenas a letra C é uma composição feita com "obras em que se misturam personagens de diferentes épocas". Entretanto, para marcar a opção correta o participante precisava saber que as figuras apresentadas nas outras opções não tratam de obras que misturam personagens de diferentes épocas. As opções A e E são quadros produzidos sem mistura de personagens e as opções B e D são fotos de cantores da música pop. Sem esse conhecimento, o participante teria dificuldade para chegar à reposta correta.

Para a questão 102, o gabarito indica como correta a alternativa C.

As questões 108 e 132 testam a habilidade 13: "analisar as diversas produções artísticas como meio de explicar diferentes culturas, padrões de beleza e preconceitos".

Figura 18 – Questão objetiva 108

Questão 108

MONET,C. *Mulher com sombrinha.* 1875, 100x81cm.
In: BECKETT, W. *História da Pintura.* São Paulo: Ática, 1997.

Em busca de maior naturalismo em suas obras e fundamentando-se em novo conceito estético, Monet, Degas, Renoir e outros artistas passaram a explorar novas formas de composição artística, que resultaram no estilo denominado Impressionismo. Observadores atentos da natureza, esses artistas passaram a

Ⓐ retratar, em suas obras, as cores que idealizavam de acordo com o reflexo da luz solar nos objetos.

Ⓑ usar mais a cor preta, fazendo contornos nítidos, que melhor definiam as imagens e as cores do objeto representado.

Ⓒ retratar paisagens em diferentes horas do dia, recriando, em suas telas, as imagens por eles idealizadas.

◉ usar pinceladas rápidas de cores puras e dissociadas diretamente na tela, sem misturá-las antes na paleta.

Ⓔ usar as sombras em tons de cinza e preto e com efeitos esfumaçados, tal como eram realizadas no Renascimento.

Fonte: questão 108 - Prova amarela – Linguagens, códigos e suas tecnologias - ENEM 2010

A questão aferiu os conhecimentos que os estudantes têm sobre as técnicas usadas por pintores de telas impressionistas, para isso, apresenta o quadro *Mulher com sombrinha* numa cópia em preto e branco.

A opção indicada como correta diz que os artistas impressionistas passaram a: "usar pinceladas rápidas de cores puras e dissociadas diretamente na tela, sem misturá-las antes na paleta". A alternativa faz referência a cores puras e espera que o estudante identifique essas cores na reprodução de um quadro em uma imagem em escala de cinza. A imagem em preto e branco dificulta que o participante marque a letra D que é indicada como correta.

O quadro em escala de cinza atrai a atenção do participante para as opções: (B) *usar mais a cor preta, fazendo contornos nítidos, que melhor definiam as imagens e as cores do objeto representado* e (E) *usar as sombras em tons de cinza e preto e com efeitos esfumaçados, tal como eram realizadas no Renascimento* e deixa de fora o que estudante do grau médio aprendeu sobre o impressionismo e sobre os artistas que pertenciam a esse movimento:

> Os impressionistas buscavam retratar em suas obras os efeitos da luz do sol sobre a natureza, por isso, quase sempre pintavam ao ar livre. A ênfase, portanto, era dada na capacidade da luz solar em modificar todas as cores de um ambiente, assim, a retratação de uma imagem mais de uma vez, porém em horários e luminosidades diferentes, era algo normal.[7]

Também merece comentário o fato de outras alternativas apresentarem características do impressionismo, o que poderia confundir o estudante: os impressionistas registravam os efeitos provocados pelo "reflexo da luz solar nos objetos", o que poderia conduzir para a alternativa A, e também costumavam "retratar paisagens em diferentes horas do dia", o que conduziria à opção C.

Por exigir conhecimento profundo sobre o impressionismo, é quase impossível marcar a opção que o gabarito indica como correta. Mais parece uma questão que testa os conhecimentos de quem está concluindo a graduação em Belas Artes.

Para a questão 108, o gabarito indica como correta a alternativa D.

---

[7] Disponível em: https://brasilescola.uol.com.br/artes/impressionismo.htm. Acesso em: 12 out. 2021.

Figura 19 – Questão objetiva 132

Questão 132

Após estudar na Europa, Anita Malfatti retornou ao Brasil com uma mostra que abalou a cultura nacional do início do século XX. Elogiada por seus mestres na Europa, Anita se considerava pronta para mostrar seu trabalho no Brasil, mas enfrentou as duras críticas de Monteiro Lobato. Com a intenção de criar uma arte que valorizasse a cultura brasileira, Anita Malfatti e outros artistas modernistas

(A) buscaram libertar a arte brasileira das normas acadêmicas europeias, valorizando as cores, a originalidade e os temas nacionais.

(B) defenderam a liberdade limitada de uso da cor, até então utilizada de forma irrestrita, afetando a criação artística nacional.

(C) representaram a ideia de que a arte deveria copiar fielmente a natureza, tendo como finalidade a prática educativa.

(D) mantiveram de forma fiel a realidade nas figuras retratadas, defendendo uma liberdade artística ligada à tradição acadêmica.

(E) buscaram a liberdade na composição de suas figuras, respeitando limites de temas abordados.

Fonte: questão 132 - Prova amarela – Linguagens, códigos e suas tecnologias - ENEM 2010

Esta questão, assim como a questão 102, versa sobre a arte que vai mudando e incorporando outros modos de expressão, conforme a sociedade vai passando por mudanças. Seu foco é o modernismo brasileiro e os artistas que tinham como objetivo produzir uma arte que desse destaque a nossa cultura, às nossas cores, às nossas características.

Anitta Malfatti, artista referenciada na questão, e os modernistas, principalmente os da primeira geração, buscavam que a produção artística brasileira tivesse identidade nacional, uma vez que éramos muito influenciados pelas normas acadêmicas europeias. O modernismo queria construir uma identidade nacional por meio da arte, por isso valoriza nossas cores e nossos temas.

É uma questão que privilegia a memorização de especificidades do movimento modernista. Apenas o estudante que conhecesse as características desse movimento marcaria a opção correta, pois somente na alternativa A todas as características listadas referem-se às aspirações de artistas do movimento modernista brasileiro.

Para a questão 132, o gabarito indica como correta a alternativa A.

A questão 123 testa a habilidade 14: "reconhecer o valor da diversidade artística e das inter-relações de elementos que se apresentam nas manifestações de vários grupos sociais e étnicos".

Figura 20 – Questão objetiva 123

Questão 123

"Todas as manhãs quando acordo, experimento um prazer supremo: o de ser Salvador Dalí."

NÉRET, G. **Salvador Dalí**. Taschen, 1996.

Assim escreveu o pintor dos "relógios moles" e das "girafas em chamas" em 1931. Esse artista excêntrico deu apoio ao general Franco durante a Guerra Civil Espanhola e, por esse motivo, foi afastado do movimento surrealista por seu líder, André Breton. Dessa forma, Dalí criou seu próprio estilo, baseado na interpretação dos sonhos e nos estudos de Sigmund Freud, denominado "método de interpretação paranoico". Esse método era constituído por textos visuais que demonstram imagens

Ⓐ do fantástico, impregnado de civismo pelo governo espanhol, em que a busca pela emoção e pela dramaticidade desenvolveram um estilo incomparável.

Ⓑ do onírico, que misturava sonho com realidade e interagia refletindo a unidade entre o consciente e o inconsciente como um universo único ou pessoal.

Ⓒ da linha inflexível da razão, dando vazão a uma forma de produção despojada no traço, na temática e nas formas vinculadas ao real.

Ⓓ do reflexo que, apesar do termo "paranoico", possui sobriedade e elegância advindas de uma técnica de cores discretas e desenhos precisos.

Ⓔ da expressão e intensidade entre o consciente e a liberdade, declarando o amor pela forma de conduzir o enredo histórico dos personagens retratados.

Fonte: questão 123 - Prova amarela – Linguagens, códigos e suas tecnologias - ENEM 2010

A questão avalia se o participante conhece as peculiaridades do estilo de Salvador Dalí. Para isso, apresenta um texto que faz referência a duas obras do pintor, ao ditador Franco, que liderou o golpe militar contra a República Espanhola, ao líder do movimento surrealista André Breton e à interpretação de sonhos de Freud.

Uma das principais características do "método de interpretação paranoico", presente na pintura de Dalí, é a representação do onírico, fazendo uma fusão do consciente com o inconsciente.

O suporte da questão contribui para a estruturação do raciocínio lógico de quem faz a prova, pois informa que "Dalí criou seu próprio estilo, baseado na interpretação dos sonhos e nos estudos de Sigmund Freud". A interação entre sonho (onírico) e realidade está expressa somente na opção B que é indicada como a opção correta no gabarito.

A questão exige leitura atenta do texto sobre o que influenciou o estilo de Dalí, visto que o enunciado faz outras referências que podem desviar o foco da influência de Freud no estilo peculiar do artista.

Para a questão 123, o gabarito indica como correta a alternativa B.

As quatro questões analisadas testam a competência 4, que é "compreender a arte como saber cultural e estético gerador de significação e integrador da organização do mundo e da própria identidade", pois são questões que têm foco na produção artística.

As questões 102 e 132 tratam de como a arte vai mudando e incorporando outros modos de expressão, conforme as mudanças que ocorrem na sociedade. Enquanto a 102 requer que o candidato tenha um conhecimento prévio para marcar a resposta certa, a questão 132 supõe memorização sobre as características do movimento modernista.

A questão 108 exige conhecimento profundo sobre a pintura impressionista, por isso é praticamente impossível de ser feita.

Para avaliar se o estudante conhece as peculiaridades da obra de Salvador Dali, a questão 123 apresenta suporte que permite ao participante chegar à resposta correta mesmo sem conhecer o método do artista.

As questões 128 e 134 testam a habilidade 15: "estabelecer relações entre o texto literário e o momento de sua produção, situando aspectos do contexto histórico, social e político".

Figura 21 – Questão objetiva 128

Questão 128

Negrinha

Negrinha era uma pobre órfã de sete anos. Preta? Não; fusca, mulatinha escura, de cabelos ruços e olhos assustados.

Nascera na senzala, de mãe escrava, e seus primeiros anos vivera-os pelos cantos escuros da cozinha, sobre velha esteira e trapos imundos. Sempre escondida, que a patroa não gostava de crianças.

Excelente senhora, a patroa. Gorda, rica, dona do mundo, amimada dos padres, com lugar certo na igreja e camarote de luxo reservado no céu. Entaladas as banhas no trono (uma cadeira de balanço na sala de jantar), ali bordava, recebia as amigas e o vigário, dando audiências, discutindo o tempo. Uma virtuosa senhora em suma – "dama de grandes virtudes apostólicas, esteio da religião e da moral", dizia o reverendo.

Ótima, a dona Inácia.

Mas não admitia choro de criança. Ai! Punha-lhe os nervos em carne viva.

[...]

A excelente dona Inácia era mestra na arte de judiar de crianças. Vinha da escravidão, fora senhora de escravos – e daquelas ferozes, amigas de ouvir cantar o bolo e estalar o bacalhau. Nunca se afizera ao regime novo – essa indecência de negro igual.

LOBATO, M. Negrinha. In: MORICONE, I. Os cem melhores contos brasileiros do século. Rio de Janeiro: Objetiva, 2000 (fragmento).

A narrativa focaliza um momento histórico-social de valores contraditórios. Essa contradição infere-se, no contexto, pela

Ⓐ falta de aproximação entre a menina e a senhora, preocupada com as amigas.

Ⓑ receptividade da senhora para com os padres, mas deselegante para com as beatas.

Ⓒ ironia do padre a respeito da senhora, que era perversa com as crianças.

Ⓓ resistência da senhora em aceitar a liberdade dos negros, evidenciada no final do texto.

Ⓔ rejeição aos criados por parte da senhora, que preferia tratá-los com castigos.

Fonte: questão 128 - Prova amarela – Linguagens, códigos e suas tecnologias - ENEM 2010

O conto *Negrinha* foi publicado em livro homônimo no ano de 1920, trinta e dois anos após a Lei Áurea ser promulgada. O Brasil, por ter se fundado sobre uma economia escravagista e que, por isso, presencia cenas de racismo até hoje, em 1920 vivia efeitos da transição da Monarquia para a República e do trabalho escravo para o trabalho livre. É nesse momento histórico que Monteiro Lobato publica *Negrinha*.

O trabalho escravo fora abolido, mas a inserção do negro na sociedade era uma questão de conflito. Conforme narra o conto, dona Inácia "fora senhora de escravos" e "nunca se afizera ao regime novo – essa indecência de negro igual". Negrinha é a criança órfã, filha de mulher escravizada que vive nos cantos escuros da cozinha da "virtuosa senhora". A escravocrata cruel resiste em aceitar a liberdade das pessoas que foram escravizadas e faz de Negrinha o alvo de todo tipo de violência e opressão.

O conto de Lobato é chocante, de um realismo cruel, usa a tradição para justificar a tirania da "dama de grandes virtudes apostólicas" e trabalha o prazer da tortura.

A questão tem foco na leitura e análise, e o participante deveria marcar a alternativa em que estivesse evidente o que o comando chama de "valores contraditórios" daquele momento histórico-social. No plano do excerto do texto, é possível encontrar essa contradição, uma vez que dona Inácia não aceitava o fim da escravidão e tratava os negros como se escravidão ainda houvesse. Entretanto, dona Inácia não representa apenas uma contradição, representa a exclusão dos negros, a opressão contra os negros, a maldade que fazia com os negros, o prazer de torturar a criança negra e a hipocrisia das relações da igreja com escravocratas.

O excerto pode ser lido com a lente da ironia, pois a crítica vem pelo reforço excessivo: "ótima dona Inácia!" "Excelente senhora", "a excelente dona Inácia", "dona do mundo...", mas que não aceitava a indecência dos negros serem iguais aos brancos.

Das alternativas apresentadas, apenas a letra D faz referência ao momento histórico-social de que o texto trata: a libertação dos escravos. Por isso, a questão contribui para o raciocínio lógico de quem faz o exame. Ao fazer a questão o estudante também pode avaliar o quanto ainda precisamos avançar nas políticas de inclusão dos negros e o quanto temos que caminhar para sermos uma sociedade antirracista.

Para a questão 128, o gabarito indica como correta a alternativa D.

Figura 22 – Questão objetiva 134

Questão 134

Texto I

Eu amo a rua. Esse sentimento de natureza toda íntima não vos seria revelado por mim se não julgasse, e razões não tivesse para julgar, que este amor assim absoluto e assim exagerado é partilhado por todos vós. Nós somos irmãos, nós nos sentimos parecidos e iguais; nas cidades, nas aldeias, nos povoados, não porque soframos, com a dor e os desprazeres, a lei e a polícia, mas porque nos une, nivela e agremia o amor da rua. É este mesmo o sentimento imperturbável e indissolúvel, o único que, como a própria vida, resiste às idades e às épocas.

RIO, J. A rua. In: **A alma encantadora das ruas**. São Paulo: Companhia das Letras, 2008 (fragmento).

Texto II

A rua dava-lhe uma força de fisionomia, mais consciência dela. Como se sentia estar no seu reino, na região em que era rainha e imperatriz. O olhar cobiçoso dos homens e o de inveja das mulheres acabavam o sentimento de sua personalidade, exaltavam-no até. Dirigiu-se para a rua do Catete com o seu passo miúdo e sólido. [...] No caminho trocou cumprimento com as raparigas pobres de uma casa de cômodos da vizinhança. [...] E debaixo dos olhares maravilhados das pobres raparigas, ela continuou o seu caminho, arrepanhando a saia, satisfeita que nem uma duquesa atravessando os seus domínios.

BARRETO, L. Um e outro. In: **Clara dos anjos**. Rio de Janeiro: Editora Mérito (fragmento).

A experiência urbana é um tema recorrente em crônicas, contos e romances do final do século XIX e início do XX, muitos dos quais elegem a rua para explorar essa experiência. Nos fragmentos I e II, a rua é vista, respectivamente, como lugar que

Ⓐ desperta sensações contraditórias e desejo de reconhecimento.
Ⓑ favorece o cultivo da intimidade e a exposição dos dotes físicos.
Ⓒ possibilita vínculos pessoais duradouros e encontros casuais.
Ⓓ propicia o sentido de comunidade e a exibição pessoal.
Ⓔ promove o anonimato e a segregação social.

Fonte: questão 134 - Prova amarela – Linguagens, códigos e suas tecnologias - ENEM 2010

A temática dos textos da questão é o ambiente urbano, especificamente a rua. O primeiro fragmento (texto I) explora o sentido de comunidade favorecido pelo "amor da rua" que nos nivela e faz com que nos sintamos irmãos, parecidos, iguais; nas cidades, nas aldeias e nos povoados. Essa irmandade favorecida pelo "amor da rua" une e reúne diferentes subjetividades.

O segundo (texto II) descreve uma personagem que se exibe para os olhares alheios como se a rua fosse seu reino, pois "a rua dava-lhe uma força de fisionomia, mais consciência dela". A personagem sabe que está sendo acompanhada pelo "olhar cobiçoso dos homens e o de inveja das mulheres". Ela desfila e se mostra com primor pela rua. Cada fragmento descreve o quanto a rua é um lugar diverso. Enquanto no primeiro, graça a irmandade que "resiste às idades e às épocas", no segundo a personagem "com o seu passo miúdo e sólido" vai despertando inveja e cobiça por onde passa. Ambos destacam a característica gregária da rua.

A questão avalia se, após a leitura dos excertos apresentados, o participante analisaria e interpretaria que a rua é um espaço diverso que pode ser cenário tanto de manifestações que colaboram com coletivo, como manifestações em que o foco seja o indivíduo. Ao fazer a questão, o aluno tem a chance de refletir sobre diversidade que a rua nos apresenta e sobre a importância de aceitar o que é diverso.

A opção indicada no gabarito como correta é a D, mas a letra B, apesar de apresentar uma leitura equivocada do texto I, atribuindo à rua um caráter intimista, pode gerar dúvida no estudante, pois também indica a rua como um lugar "exposição de dotes físicos" que é o que a personagem do texto II faz.

Para a questão 134, o gabarito indica como correta a alternativa D.

A questão 119 testa a habilidade 16: "relacionar informações sobre concepções artísticas e procedimentos de construção do texto literário".

Figura 23 – Questão objetiva 119

Questão 119

Soneto

Já da morte o palor me cobre o rosto,
Nos lábios meus o alento desfalece,
Surda agonia o coração fenece,
E devora meu ser mortal desgosto!

Do leito embalde no macio encosto
Tento o sono reter!... já esmorece
O corpo exausto que o repouso esquece...
Eis o estado em que a mágoa me tem posto!

O adeus, o teu adeus, minha saudade,
Fazem que insano do viver me prive
E tenha os olhos meus na escuridade.

Dá-me a esperança com que o ser mantive!
Volve ao amante os olhos por piedade,
Olhos por quem viveu quem já não vive!

AZEVEDO, A. Obra completa. Rio de Janeiro: Nova Aguilar, 2000.

O núcleo temático do soneto citado é típico da segunda geração romântica, porém configura um lirismo que o projeta para além desse momento específico. O fundamento desse lirismo é

A a angústia alimentada pela constatação da irreversibilidade da morte.
Ⓑ a melancolia que frustra a possibilidade de reação diante da perda.
C o descontrole das emoções provocado pela autopiedade.
D o desejo de morrer como alívio para a desilusão amorosa.
E o gosto pela escuridão como solução para o sofrimento.

Fonte: questão 119 - Prova amarela – Linguagens, códigos e suas tecnologias - ENEM 2010

A questão 119 avalia se o participante identifica o núcleo temático do soneto de Álvares de Azevedo, que faz parte da geração ultrarromântica, da segunda geração do Romantismo. É uma questão que, além de examinar a leitura e a análise do texto apresentado, também verifica se o estudante reconhece algumas das temáticas do lirismo da segunda geração romântica, como as desilusões e os amores não correspondidos.

O eu lírico do soneto padece das dores da perda e da ausência da amada. "O adeus, o teu adeus, minha saudade" faz com que ele fique melancólico e, pouco a pouco, impossibilitado de qualquer reação diante da face da morte, pois os primeiros versos declaram: "Já da morte o palor me cobre o rosto/ Nos lábios meus o alento desfalece/Surda agonia o coração fenece".

O comando pede que o estudante identifique o fundamento desse lirismo. Das alternativas apresentadas, o gabarito indica como correta a letra B "a melancolia que frustra a possibilidade de reação diante da perda". Entretanto, o estudante poderia desviar sua atenção para a letra D "o desejo de morrer como alívio para a desilusão amorosa", porque o soneto trata de desilusão amorosa.

Para a questão 119, o gabarito indica como correta a alternativa B.

As questões 118 e 129 testam a habilidade 17: "reconhecer a presença de valores sociais e humanos atualizáveis e permanentes no patrimônio literário nacional".

Figura 24 – Questão objetiva 118

Questão 118

Texto I

Logo depois transferiram para o trapiche o depósito dos objetos que o trabalho do dia lhes proporcionava. Estranhas coisas entraram então para o trapiche. Não mais estranhas, porém, que aqueles meninos, moleques de todas as cores e de idades as mais variadas, desde os nove aos dezesseis anos, que à noite se estendiam pelo assoalho e por debaixo da ponte e dormiam, indiferentes ao vento que circundava o casarão uivando, indiferentes à chuva que muitas vezes os lavava, mas com os olhos puxados para as luzes dos navios, com os ouvidos presos às canções que vinham das embarcações...

AMADO, J. **Capitães da Areia**. São Paulo: Companhia das Letras, 2008 (fragmento).

Texto II

À margem esquerda do rio Belém, nos fundos do mercado de peixe, ergue-se o velho ingazeiro — ali os bêbados são felizes. Curitiba os considera animais sagrados, provê as suas necessidades de cachaça e pirão. No trivial contentavam-se com as sobras do mercado.

TREVISAN, D. **35 noites de paixão: contos escolhidos**. Rio de Janeiro: BestBolso, 2009 (fragmento).

Sob diferentes perspectivas, os fragmentos citados são exemplos de uma abordagem literária recorrente na literatura brasileira do século XX. Em ambos os textos,

A a linguagem afetiva aproxima os narradores dos personagens marginalizados.
B a ironia marca o distanciamento dos narradores em relação aos personagens.
C o detalhamento do cotidiano dos personagens revela a sua origem social.
D o espaço onde vivem os personagens é uma das marcas de sua exclusão.
E a crítica à indiferença da sociedade pelos marginalizados é direta.

Fonte: questão 118 - Prova amarela – Linguagens, códigos e suas tecnologias - ENEM 2010

A questão utiliza fragmentos de textos literários para tratar da exclusão social. Os recortes dos textos retratam espaços que os personagens marginalizados de Jorge Amado e Dalton Trevisan usam como abrigo. Os meninos do primeiro texto, ao fim do dia, levam para o trapiche coisas estranhas que são fruto do trabalho deles. Do mesmo modo, são estranhos os meninos de todas as cores e se confundem com as coisas que são depositadas no trapiche. Os bêbados do segundo texto ficam à margem do rio Belém, nos fundos do mercado de peixe, espaço de despejos de sobras, esperando quaisquer "raspas e restos" que ali sejam jogados.

O comando e as alternativas favorecem o raciocínio lógico, uma vez que não é necessário saber as características dos textos literários que o suporte da questão apresenta para que o candidato chegue à alternativa correta.

Das opções apresentadas, apenas a letra D faz referência aos espaços que os personagens dos trechos vivem: espaços de exclusão que sobressaem nos textos.

Ao fazer a questão 118, o aluno reflete sobre a exclusão social, problema que assola nosso país até hoje. Os meninos de Jorge Amado continuam pelas ruas dos grandes centros, os bêbados de Dalton Trevisan continuam esperando o que sobra dos mercados.

Para a questão 118, o gabarito indica como correta a alternativa D.

Figura 25 – Questão objetiva 129

Questão 129

Capítulo III

Um criado trouxe o café. Rubião pegou na xícara e, enquanto lhe deitava açúcar, ia disfarçadamente mirando a bandeja, que era de prata lavrada. Prata, ouro, eram os metais que amava de coração; não gostava de bronze, mas o amigo Palha disse-lhe que era matéria de preço, e assim se explica este par de figuras que aqui está na sala: um *Mefistófeles* e um *Fausto*. Tivesse, porém, de escolher, escolheria a bandeja, — primor de argentaria, execução fina e acabada. O criado esperava teso e sério. Era espanhol; e não foi sem resistência que Rubião o aceitou das mãos de Cristiano; por mais que lhe dissesse que estava acostumado aos seus crioulos de Minas, e não queria línguas estrangeiras em casa, o amigo Palha insistiu, demonstrando-lhe a necessidade de ter criados brancos. Rubião cedeu com pena. O seu bom pajem, que ele queria pôr na sala, como um pedaço da província, nem o pôde deixar na cozinha, onde reinava um francês, Jean; foi degradado a outros serviços.

ASSIS, M. Quincas Borba. In: **Obra completa**. V.1. Rio de Janeiro: Nova Aguilar, 1993 (fragmento).

Quincas Borba situa-se entre as obras-primas do autor e da literatura brasileira. No fragmento apresentado, a peculiaridade do texto que garante a universalização de sua abordagem reside

(A) no conflito entre o passado pobre e o presente rico, que simboliza o triunfo da aparência sobre a essência.

(B) no sentimento de nostalgia do passado devido à substituição da mão de obra escrava pela dos imigrantes.

(C) na referência a Fausto e Mefistófeles, que representam o desejo de eternização de Rubião.

(D) na admiração dos metais por parte de Rubião, que metaforicamente representam a durabilidade dos bens produzidos pelo trabalho.

(E) na resistência de Rubião aos criados estrangeiros, que reproduz o sentimento de xenofobia.

Fonte: questão 129 - Prova amarela – Linguagens, códigos e suas tecnologias - ENEM 2010

O romance de Machado de Assis narra a história de Rubião, professor mineiro, que herdou fortuna de seu amigo filósofo Quincas Borba, mas, para usufruir da herança teve de assumir o compromisso de cuidar do cachorro que pertencia ao amigo falecido e que também se chamava Quincas Borba.

A questão apresenta um fragmento do capítulo III de *Quincas Borba,* em que são apresentados objetos domésticos de valor e as preferências do novo rico. Rubião prefere ouro e prata, mas mantém em sua casa um par de figuras em bronze: um Mefistófeles e um Fausto, porque Palha lhe disse que era matéria de preço. Além dos objetos, o trecho também apresenta os criados da nova casa do professor mineiro. Rubião preferia manter seu pajem Jean, mas, seguindo as orientações do amigo, contrata um criado espanhol e um cozinheiro francês. Segundo Palha, era bom ter empregados brancos. O pajem "foi degradado a outros serviços".

Pelo fragmento apresentado, pode-se inferir que Rubião precisa se afastar de seus hábitos de origem pobre para corresponder às exigências de comportamento e de hábitos que a nova situação econômica e social lhe impõe e que valoriza a aparência em detrimento da essência.

O que se pretende avaliar na questão é se o candidato, a partir da leitura e análise do fragmento de *Quincas Borba,* marcaria a alternativa correta que é a que apresenta a peculiaridade universal da abordagem da obra.

Os estudantes que conhecessem a obra teriam mais chances de acerto, pois no fragmento do capítulo III não há referência direta à vida pobre que Rubião vivia.

Para a questão 129, o gabarito indica como correta a alternativa A.

As cinco questões da competência 5: "analisar, interpretar e aplicar recursos expressivos das linguagens, relacionando textos com seus contextos, mediante a natureza, função, organização, estrutura das manifestações, de acordo com as condições de produção e recepção" são baseadas em textos da literatura brasileira. As questões valorizam a leitura e a análise dentro do contexto em que os textos foram produzidos e oferecem suporte que contribui para a estruturação do raciocínio lógico de quem faz a prova. Entretanto, as opções de resposta das questões 134, 119 e 129 apresentam alternativas que podem confundir o aluno.

As questões 116 e 130 testam a habilidade 18: "identificar os elementos que concorrem para a progressão temática e para a organização e estruturação de textos de diferentes gêneros e tipos". Ambas estarão na mesma análise, pois avaliam aspectos semânticos dos conectivos.

Figura 26 – Questão objetiva 116

Questão 116

Os filhos de Ana eram bons, uma coisa verdadeira e sumarenta. Cresciam, tomavam banho, exigiam para si, malcriados, instantes cada vez mais completos. A cozinha era enfim espaçosa, o fogão enguiçado dava estouros. O calor era forte no apartamento que estavam aos poucos pagando. **Mas** o vento batendo nas cortinas que ela mesma cortara lembrava-lhe que se quisesse podia parar e enxugar a testa, olhando o calmo horizonte. Como um lavrador. Ela plantara as sementes que tinha na mão, não outras, **mas** essas apenas.

LISPECTOR, C. *Laços de família*. Rio de Janeiro: Rocco, 1998.

A autora emprega por duas vezes o conectivo **mas** no fragmento apresentado. Observando aspectos da organização, estruturação e funcionalidade dos elementos que articulam o texto, o conectivo **mas**

Ⓐ expressa o mesmo conteúdo nas duas situações em que aparece no texto.

Ⓑ quebra a fluidez do texto e prejudica a compreensão, se usado no início da frase.

Ⓒ ocupa posição fixa, sendo inadequado seu uso na abertura da frase.

Ⓓ contém uma ideia de sequência temporal que direciona a conclusão do leitor.

Ⓔ assume funções discursivas distintas nos dois contextos de uso.

Fonte: questão 116 - Prova amarela – Linguagens, códigos e suas tecnologias - ENEM 2010

Figura 27 – Questão objetiva 130

Questão 130

O Flamengo começou a partida no ataque, **enquanto** o Botafogo procurava fazer uma forte marcação no meio campo e tentar lançamentos para Victor Simões, isolado entre os zagueiros rubro-negros. **Mesmo** com mais posse de bola, o time dirigido por Cuca tinha grande dificuldade de chegar à área alvinegra **por causa do** bloqueio montado pelo Botafogo na frente da sua área.

No entanto, na primeira chance rubro-negra, saiu o gol. **Após** cruzamento da direita de Ibson, a zaga alvinegra rebateu a bola de cabeça para o meio da área. Kléberson apareceu na jogada e cabeceou por cima do goleiro Renan. Ronaldo Angelim apareceu nas costas da defesa e empurrou para o fundo da rede quase que em cima da linha: Flamengo 1 a 0.

Disponível em: http://momentodofutebol.blogspot.com (adaptado).

O texto, que narra uma parte do jogo final do Campeonato Carioca de futebol, realizado em 2009, contém vários conectivos, sendo que

Ⓐ **após** é conectivo de causa, já que apresenta o motivo de a zaga alvinegra ter rebatido a bola de cabeça.

Ⓑ **enquanto** tem um significado alternativo, porque conecta duas opções possíveis para serem aplicadas no jogo.

Ⓒ **no entanto** tem significado de tempo, porque ordena os fatos observados no jogo em ordem cronológica de ocorrência.

Ⓓ **mesmo** traz ideia de concessão, já que "com mais posse de bola", ter dificuldade não é algo naturalmente esperado.

Ⓔ **por causa de** indica consequência, porque as tentativas de ataque do Flamengo motivaram o Botafogo a fazer um bloqueio.

Fonte: questão 130 - Prova amarela – Linguagens, códigos e suas tecnologias - ENEM 2010

O uso dos conectivos e o sentido que assumem conforme o contexto em que estão inseridos na oração é tema recorrente nas aulas de língua portuguesa, na maioria das vezes com foco na produção textual, uma vez que os conectivos colaboram com a coesão e com a progressão textual. As questões 116 e 130 avaliam se o estudante está apto a verificar o sentido que os conectivos assumem mediante a relação estabelecida em determinado contexto. Para isso, usam dois fragmentos de textos: o primeiro é um recorte de *Laços de Família*, de Clarice Lispector, e o segundo recorta um trecho de texto sobre futebol, publicado em um blog.

As questões supõem leitura analítica do contexto em que os conectivos estão inseridos para que o participante chegasse à resposta correta.

Das alternativas da questão 116, a letra C pode provocar dúvida no participante, uma vez que umas das "regras" do uso do mas é ser "inadequado seu uso na abertura da frase". Acertaria a questão o aluno que reconhecesse o valor de oposição do primeiro **mas** (o vento batendo na cortina contrasta com o calor do apartamento) e de reiteração no segundo **mas** (as sementes que tinha na mão, não outras).

Para marcar a alternativa correta na questão 130 o estudante teria de reconhecer que o valor de concessão de **mesmo** pode ser substituído por "apesar de" em "Mesmo com mais posse de bola, o time dirigido por Cuca tinha grande dificuldade de chegar à área alvinegra", em que fica pressuposto que quem tem mais posse de bola, tem mais chance de chegar à área do adversário.

Para a questão 116, o gabarito indica como correta a alternativa E e para a questão 130, a letra D.

Figura 28 – Questões objetivas 97 e 100

Questão 97

A biosfera, que reúne todos os ambientes onde se desenvolvem os seres vivos, se divide em unidades menores chamadas ecossistemas, que podem ser uma floresta, um deserto e até um lago. Um ecossistema tem múltiplos mecanismos que regulam o número de organismos dentro dele, controlando sua reprodução, crescimento e migrações.

DUARTE, M. O guia dos curiosos. São Paulo: Companhia das Letras, 1995.

Predomina no texto a função da linguagem

(A) emotiva, porque o autor expressa seu sentimento em relação à ecologia.
(B) fática, porque o texto testa o funcionamento do canal de comunicação.
(C) poética, porque o texto chama a atenção para os recursos de linguagem.
(D) conativa, porque o texto procura orientar comportamentos do leitor.
(E) referencial, porque o texto trata de noções e informações conceituais.

Questão 100

MOSTRE QUE SUA MEMÓRIA É MELHOR DO QUE A DE COMPUTADOR E GUARDE ESTA CONDIÇÃO: 12X SEM JUROS.

Campanha publicitária de loja de eletroeletrônicos. Revista Época. Nº 424, 03 jul. 2006.

Ao circularem socialmente, os textos realizam-se como práticas de linguagem, assumindo configurações específicas, formais e de conteúdo. Considerando o contexto em que circula o texto publicitário, seu objetivo básico é

(A) influenciar o comportamento do leitor, por meio de apelos que visam à adesão ao consumo.
(B) definir regras de comportamento social pautadas no combate ao consumismo exagerado.
(C) defender a importância do conhecimento de informática pela população de baixo poder aquisitivo.
(D) facilitar o uso de equipamentos de informática pelas classes sociais economicamente desfavorecidas.
(E) questionar o fato de o homem ser mais inteligente que a máquina, mesmo a mais moderna.

Fonte: questões 97 e 100- Prova amarela – Linguagens, códigos e suas tecnologias - ENEM 2010

As questões 97 e 100 testam a habilidade 19: "analisar a função da linguagem predominante nos textos em situações específicas de interlocução". Ambas estarão na mesma análise, pois examinam a função da linguagem predominante no texto.

As questões verificam se o candidato identifica a função da linguagem predominante nos textos. Em ambas não há privilégio do papel do conteúdo, pois as alternativas da questão 97 descrevem as características de cada função da linguagem apresentada e as alternativas da questão 100 descrevem o objetivo das funções sem nomeá-las.

Ao estruturar as questões desse modo, a prova propõe na questão 97 que, de posse do conteúdo apresentado nas alternativas de resposta, o aluno seja capaz de identificar a opção correta que é função referencial da linguagem (E), e, na questão 100, que o aluno identifique nas alternativas o objetivo do texto publicitário que é a função conativa da linguagem (A).

São questões que oferecem suporte que contribui para a estruturação do raciocínio lógico, pois o estudante precisa apenas aplicar a informação oferecida na questão.

Para a questão 97, o gabarito indica como correta a alternativa E e para a questão 100, a letra A.

A questão 115 testa a habilidade 20: "reconhecer a importância do patrimônio linguístico para a preservação da memória e da identidade nacional".

Figura 29 – Questão objetiva 115

Questão 115

Resta saber o que ficou das línguas indígenas no português do Brasil. Serafim da Silva Neto afirma: "No português brasileiro não há, positivamente, influência das línguas africanas ou amerindias". Todavia, é difícil de aceitar que um longo período de bilinguismo de dois séculos não deixasse marcas no português do Brasil.

ELIA. S. Fundamentos Histórico-Linguísticos do Português do Brasil. Rio de Janeiro: Lucerna, 2003 (adaptado).

No final do século XVIII, no norte do Egito, foi descoberta a Pedra de Roseta, que continha um texto escrito em egípcio antigo, uma versão desse texto chamada "demótico", e o mesmo texto escrito em grego. Até então, a antiga escrita egípcia não estava decifrada. O inglês Thomas Young estudou o objeto e fez algumas descobertas como, por exemplo, a direção em que a leitura deveria ser feita. Mais tarde, o francês Jean-François Champollion voltou a estudá-la e conseguiu decifrar a antiga escrita egípcia a partir do grego, provando que, na verdade, o grego era a língua original do texto e que o egípcio era uma tradução.

Com base na leitura dos textos conclui-se, sobre as línguas, que

A cada língua é única e intraduzível.
B elementos de uma língua são preservados, ainda que não haja mais falantes dessa língua.
C a língua escrita de determinado grupo desaparece quando a sociedade que a produzia é extinta.
D o egípcio antigo e o grego apresentam a mesma estrutura gramatical, assim como as línguas indígenas brasileiras e o português do Brasil.
E o egípcio e o grego apresentavam letras e palavras similares, o que possibilitou a comparação linguística, o mesmo que aconteceu com as línguas indígenas brasileiras e o português do Brasil.

Fonte: questão 115 - Prova amarela – Linguagens, códigos e suas tecnologias - ENEM 2010

A questão apresenta dois textos sobre a preservação de elementos de uma língua mesmo que não haja mais falantes desta língua, com o objetivo de avaliar se o candidato, por meio da leitura e análise dos textos reconhece o papel do patrimônio linguístico na preservação da memória e da identidade nacional.

A temática aponta para a necessidade de discussão sobre a relação entre língua e cidadania, tendo em vista que o silenciamento das línguas de grupos minoritários a pretexto de integração na cultura do colonizador (exemplo do primeiro texto) provocou alijamento da cultura dos povos indígenas de nosso país. Por isso, o texto de Silvio Elia afirma que é "difícil de aceitar que um longo período de bilinguismo de dois séculos não deixasse marcas no português do Brasil". O segundo texto revela que foi possível decifrar a antiga escrita egípcia fazendo tradução dos textos encontrados na pedra de Roseta, ainda que não haja mais falantes daquela língua.

Trata-se de questão que, apesar de ter foco em tema mais apropriado a um estudante de Letras, abre a expectativa para que, a partir da leitura e análise dos textos, o candidato chegue à alternativa correta.

Para a questão 115, o gabarito indica como correta a alternativa B.

A competência 6: "compreender e usar os sistemas simbólicos das diferentes linguagens como meios de organização cognitiva da realidade pela constituição de significados, expressão, comunicação e informação" é testada nas questões 116 e 130, com foco no valor semântico dos conectivos; nas questões 97 e 100 o foco é na identificação das funções de linguagem nos textos e na questão 115 o foco é no patrimônio linguístico e sua importância para cidadania.

A análise de questões do ENEM de 2010 confirma que a mudança na estrutura da prova (número de questões), a reformulação das competências e sua divisão por áreas do conhecimento provocou mudança também no modo de elaboração das questões, na escolha das imagens e dos textos.

Foi preciso ter cuidado para que a análise de algumas questões não se transformasse numa demonstração de erudição. Principalmente, as da competência 4 apresentavam esse risco, por serem questões que têm foco na "arte como saber cultural e estético gerador de significação e integrador da organização do mundo e da própria identidade".

Segundo o relatório 2009/2010 as questões do exame nas edições 2009 e 2010 "partiam de situações-problema contextualizadas, o que possibilita diminuir a exigência de conteúdos memorizados, uma vez que é valorizado o raciocínio e são exploradas as vivências de mundo dos participantes" (INEP, 2013, p. 8). Nessas "vivências de mundo" habita o capital cultural: quanto mais amplo o mundo do estudante, mais e maiores as vivências de que lançará mão, maior seu capital.

Conforme a análise das questões aqui apresentadas, constata-se que em parte delas falta a contextualização, o que dificulta que o participante chegue à alternativa correta, ou fique confuso diante das alternativas apresentadas.

O Novo ENEM sofreu modificações e ajustes que fizeram com o exame ficasse mais longo e tivesse questões que mobilizam um tipo de capital cultural que não é familiar a muitos dos estudantes que fazem a prova.

4.3 O ENEM 2019

Em 2019, tivemos a 22ª edição do ENEM. O exame não sofreu mudanças estruturais desde as ocorridas em 2009. Foi a primeira edição do exame após as eleições que levaram à presidência o governo que tinha como promessa de campanha acabar com a "doutrinação ideológica" nas escolas e nas universidades e, desafiando o critério técnico da elaboração da prova, declarou que iria tomar conhecimento da prova antes da sua aplicação[8], a fim de evitar questões com temas que o governo considera fazerem parte de "doutrinação ideológica".

Na mídia existem várias declarações do governo federal (2019-2022) que desqualificam o ENEM e que criaram insegurança em torno do exame. Foi nesse contexto que o ENEM de 2019 foi elaborado e aplicado.

Nesta seção, analisarei a redação e questões objetivas de 2019. Para a análise, selecionamos questões, do caderno amarelo, que aferiram as competências e habilidades que estão na Figura 5.

O último relatório pedagógico das provas do ENEM foi publicado em 2015 e se refere aos exames de 2011 e 2012. Por essa razão, não fazemos menção ao relatório na análise do exame de 2019.

---

[8] Disponível em: https://www1.folha.uol.com.br/cotidiano/2018/11/bolsonaro-desafia-criterio-tecnico-e-diz--que-vai-querer-conhecer-enem-antes.shtml?origin=folha. Acesso em: 20 nov. 2018.

4.3.1 A prova de redação

Figura 30 – Proposta de redação

TEXTOS MOTIVADORES

TEXTO I

No dia da primeira exibição pública de cinema — 28 de dezembro de 1895, em Paris —, um homem de teatro que trabalhava com mágicas, Georges Mélies, foi falar com Lumière, um dos inventores do cinema; queria adquirir um aparelho, e Lumière desencorajou-o, disse-lhe que o "Cinematógrapho" não tinha o menor futuro como espetáculo, era um instrumento científico para reproduzir o movimento e só poderia servir para pesquisas. Mesmo que o público, no início, se divertisse com ele, seria uma novidade de vida breve, logo cansaria. Lumière enganou-se. Como essa estranha máquina de austeros cientistas virou uma máquina de contar estórias para enormes plateias, de geração em geração, durante já quase um século?

BERNARDET, Jean-Claude. O que é Cinema. In BERNARDET, Jean-Claude; ROSSI, Clóvis. **O que é Jornalismo, O que é Editora, O que é Cinema**. São Paulo: Brasiliense, 1993.

TEXTO II

Edgar Morin define o cinema como uma máquina que registra a existência e a restitui como tal, porém levando em consideração o indivíduo, ou seja, o cinema seria um meio de transpor para a tela o universo pessoal, solicitando a participação do espectador.

GUTFREIND, C. F. O filme e a representação do real. **E-Compós**, v. 6, 11, 2006 (adaptado).

TEXTO III

DA TELONA PARA AS TELINHAS

CRESCE O PERCENTUAL DE BRASILEIROS QUE FREQUENTAM SALAS DE CINEMA E O INTERESSE POR FILMES TEM DESTAQUE NO CONSUMO DE TV ENTENDA!

Nos últimos cinco anos, a penetração do cinema cresceu 43% entre os brasileiros

88% dos telespectadores assistem a filmes na TV, regularmente

17% da população frequenta o cinema*, no total

19% dos telespectadores de filmes na TV vão ao cinema

95% dos que foram ao cinema assistem a filmes na TV

*investiu nos últimos 30 dias

Disponível em: www.meioemensagem.com. Acesso em: 12 jun. 2019 (adaptado).

TEXTO IV

O Brasil já teve um parque exibidor vigoroso e descentralizado: quase 3 300 salas em 1975, uma para cada 30 000 habitantes, 80% em cidades do interior. Desde então, o país mudou. Quase 120 milhões de pessoas a mais passaram a viver nas cidades. A urbanização acelerada, a falta de investimentos em infraestrutura urbana, a baixa capitalização das empresas exibidoras, as mudanças tecnológicas, entre outros fatores, alteraram a geografia do cinema. Em 1997, chegamos a pouco mais de 1 000 salas. Com a expansão dos shopping centers, a atividade de exibição se reorganizou. O número de cinemas duplicou, até chegar às atuais 2 200 salas. Esse crescimento, porém, além de insuficiente (o Brasil é apenas o 60º país na relação habitantes por sala), ocorreu de forma concentrada. Foram privilegiadas as áreas de renda mais alta das grandes cidades. Populações inteiras foram excluídas do universo do cinema ou continuam mal atendidas: o Norte e o Nordeste, as periferias urbanas, as cidades pequenas e médias do interior.

Disponível em: https://cinemapertodevoce.ancine.gov.br. Acesso em: 13 jun. 2019 (fragmento).

PROPOSTA DE REDAÇÃO

A partir da leitura dos textos motivadores e com base nos conhecimentos construídos ao longo de sua formação, redija texto dissertativo-argumentativo em modalidade escrita formal da língua portuguesa sobre o tema "Democratização do acesso ao cinema no Brasil", apresentando proposta de intervenção que respeite os direitos humanos. Selecione, organize e relacione, de forma coerente e coesa, argumentos e fatos para defesa de seu ponto de vista.

Fonte: questão de redação - Prova amarela – ENEM 2019

A redação de 2019 foi sobre tema de caráter cultural: a "Democratização do acesso ao cinema no Brasil". Para isso, apresentou uma coletânea de quatro textos que abordam quatro tópicos sobre o cinema.

O primeiro é um texto de Jean-Claude Bernardet. O texto parte da primeira exibição pública de cinema em Paris, para relembrar as origens do cinema no final do século XIX e narra que talvez Lumière não tivesse ideia do instrumento que acabara de inventar. O Cinematógrapho transformou o modo de contar histórias para grandes massas.

A definição de Edgar Morin para cinema é apresentada no segundo texto. Para Morin, a relevância do cinema está em ser "um meio de transpor para a tela o universo pessoal, solicitando a participação do espectador".

O cartaz do site "meioemansagem" é o terceiro texto. Um texto misto que apresenta dados sobre o consumo de filmes na TV e sobre o hábito do brasileiro em relação à frequência no cinema. O texto revela que assistir a filmes é importante para o brasileiro, mas que o hábito de ir ao cinema é muito menor que assistir aos filmes pela TV.

O quarto texto foi retirado do site da Agência Nacional de Cinema (ANCINE) e apresenta dados sobre as salas de cinema brasileiras em três momentos históricos diferentes. Revela a diminuição do número de salas pelo país e explica os motivos pelos quais a "geografia do cinema" foi se modificando em mais de quarenta anos. O texto da ANCINE esclarece a estatística que o terceiro texto apresenta.

A proposta de redação de 2019 é estruturada de modo a contribuir para o raciocínio lógico do participante, pois os textos vão encadeando informações sobre o cinema desde a sua criação até a contemporaneidade, passando pelo texto de Morin que diz que o cinema é "como uma máquina que registra a existência e a restitui como tal". Morin provoca uma reflexão sobre a importância da cultura e, em decorrência disso, também faz o participante refletir sobre cidadania.

O quarto texto, além de informar como as salas de cinema foram desaparecendo em nosso país, expõe que "populações inteiras foram excluídas do universo do cinema ou continuam mal atendidas". Essas populações estão nas periferias urbanas, nas cidades pequenas e médias do interior. Enquanto isso, as salas de cinema estão concentradas em "áreas de renda mais alta das grandes cidades" e o valor dos ingressos corresponde à realidade econômica de quem mora nessas áreas de renda alta. Em função disso, a maior parte da população brasileira não consegue frequentar salas de cinema que têm ingressos caros e estão geograficamente muito distantes dos que moram nas periferias urbanas, nas cidades do interior e na área rural.

A questão oferece textos que dão informações diversas sobre o cinema, o terceiro e quarto textos apresentam dados que se completam. Os participantes que já tivessem ido ao cinema e que morassem em regiões que têm salas de cinema poderiam partir de qualquer um dos textos para produzir a redação, conforme o que foi pedido no comando.

O cinema que já foi um programa cultural acessível a diversas classes sociais, hoje é mais um instrumento de exclusão, dentre tantos com os quais convivemos. Os candidatos estão divididos em dois grupos: os que têm acesso ao cinema e os outros. Apesar disso, os dois grupos poderiam se apropriar dos recursos oferecidos no suporte da questão, para produzir o texto e apresentar uma proposta de intervenção.

4.3.2 As questões objetivas

Concentro-me, a partir daqui, na análise de questões objetivas da prova de Linguagens, códigos e suas tecnologias, do caderno amarelo, do ano de 2019.

A análise das questões objetivas foi dividida em três blocos: competências 4, 5 e 6 (Figura 5). As competências foram divididas pelas habilidades correspondentes a cada uma delas.

A questão 27 testa a habilidade 12: "reconhecer diferentes funções da arte, do trabalho da produção dos artistas em seus meios culturais".

Figura 31 – Questão objetiva 27

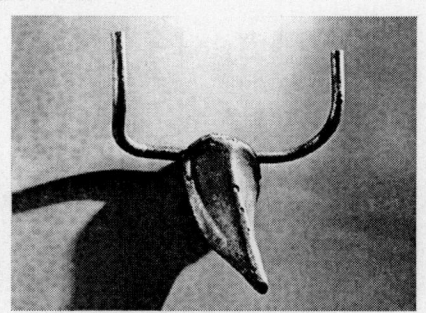

Questão 27

PICASSO, P. Cabeça de touro. Bronze, 33,5 cm x 43,5 cm x 19 cm.
Musée Picasso, Paris. França, 1945.

JANSON, H. W. Iniciação à história da arte.
São Paulo: Martins Fontes, 1988.

Na obra *Cabeça de touro*, o material descartado torna-se objeto de arte por meio da

Ⓐ reciclagem da matéria-prima original.

Ⓑ complexidade da combinação de formas abstratas.

Ⓒ perenidade dos elementos que constituem a escultura.

Ⓓ mudança da funcionalidade pela integração dos objetos.

Ⓔ fragmentação da imagem no uso de elementos diversificados.

Fonte: questão 27 - Prova amarela – Linguagens, códigos e suas tecnologias - ENEM 2019

Para responder: como um material descartado torna-se um objeto de arte, a questão utiliza a imagem da escultura *Cabeça de touro*, de Pablo Picasso, que é conhecido universalmente como um dos artistas mais influentes do século XX. Ao juntar um selim e um guidom de bicicleta, objetos que fazem parte do cotidiano das pessoas, o artista metamorfoseia os dois objetos, transformando-os num terceiro: uma obra de arte.

Quando o bronze se junta ao guidom e ao selim compõe a *Cabeça de touro* do artista espanhol.

A questão avalia se o estudante reconhece o que define um objeto como obra de arte. Para isso, apresenta a foto da escultura, informa as dimensões da obra e onde ela está exposta, informa também o livro do qual a imagem foi tirada: *Iniciação à história da arte*.

Trata-se de questão bastante complexa, pois o enunciado trata o bronze como material descartado, o material que compõe a obra e que fora descartado antes de sua criação não é citado no enunciado, nem nas referências que a questão apresenta. O suporte apresentado não colabora com a estruturação do raciocínio lógico do participante.

Para que o estudante reconhecesse na *Cabeça de touro* a "mudança da funcionalidade pela integração dos objetos" era necessário que conhecesse o processo de criação dessa escultura de Picasso, pois quando objetos são metamorfoseados em obra de arte, não é possível identificá-los separadamente, o guidom como chifre e o selim como cabeça, sobretudo por meio de uma foto. Teriam chance de acerto somente os estudantes que já conhecessem a escultura que é retratada na questão 27.

Para a questão 27, o gabarito indica como correta a alternativa D.

A questão 24 testa a habilidade 13: "analisar as diversas produções artísticas como meio de explicar diferentes culturas, padrões de beleza e preconceitos".

Figura 32 – Questão objetiva 24

Questão 24

1. Nós queremos cantar o amor ao perigo, o hábito da energia e da temeridade.

2. A coragem, a audácia, a rebelião serão elementos essenciais de nossa poesia.

3. A literatura exaltou até hoje a imobilidade pensativa, o êxtase, o sono. Nós queremos exaltar o movimento agressivo, a insônia febril, o passo de corrida, o salto mortal, o bofetão e o soco.

4. Nós afirmamos que a magnificência do mundo enriqueceu-se de uma beleza nova: a beleza da velocidade. Um automóvel de corrida com seu cofre enfeitado com tubos grossos, semelhantes a serpentes de hálito explosivo... um automóvel rugidor, que parece correr sobre a metralha, é mais bonito que a Vitória de Samotrácia.

5. Nós queremos entoar hinos ao homem que segura o volante, cuja haste ideal atravessa a Terra, lançada também numa corrida sobre o circuito da sua órbita.

6. É preciso que o poeta prodigalize com ardor, fausto e munificiência, para aumentar o entusiástico fervor dos elementos primordiais.

MARINETTI, F. T. **Manifesto futurista.** In: TELES, G. M. **Vanguardas europeias e Modernismo brasileiro.** Petrópolis: Vozes, 1985.

O documento de Marinetti, de 1909, propõe os referenciais estéticos do Futurismo, que valorizam a

Ⓐ composição estática.

Ⓑ inovação tecnológica.

Ⓒ suspensão do tempo.

Ⓓ retomada do helenismo.

Ⓔ manutenção das tradições.

Fonte: questão 24 - Prova amarela – Linguagens, códigos e suas tecnologias - ENEM 2019

O texto a questão 24 é parte do Manifesto Futurista. O Futurismo nasceu oficialmente em 1909, quando o manifesto assinado por Filippo Tommaso Marinetti foi publicado. O líder do Movimento Futurista "**cultuava a violência e a guerra**, devido ao seu patriotismo extremista. A partir de 1919, quando se filiou ao Partido Nacional Fascista, passou a usar o movimento como **propaganda do fascismo**".[9]

O Futurismo quer "exaltar o movimento agressivo, a insônia febril, o passo de corrida, o salto mortal, o bofetão e o soco" e propõe a incorporação das novas tecnologias à arte, pois "... um automóvel rugidor, que parece correr sobre a metralha, é mais bonito que a Vitória de Samotrácia".

A questão exigiu leitura e análise do texto apresentado para que o estudante marcasse a opção correta. Encontramos no Manifesto Futurista o referencial estético que valoriza a "inovação tecnológica", pois os futuristas

---

[9] Disponível em: https://mundoeducacao.uol.com.br/artes/futurismo.htm. Acesso em: 2 nov. 2021.

querem "entoar hinos ao homem que segura o volante, cuja haste ideal atravessa a Terra, lançada também numa corrida sobre o circuito da sua órbita".

As outras alternativas de resposta não apresentam características do referencial estético que o Futurismo tem como foco, o que evitaria que o participante se desviasse da resposta correta.

A questão oferece suporte que contribui para a estruturação do raciocínio lógico do estudante. Entretanto, não é possível deixar de comentar sobre a escolha do texto sobre movimento que flertava com o fascismo, em um momento em que o Brasil está sob um governo que tem atitudes autoritárias, brutas e excludentes. Governo que em seu discurso faz críticas ao que chama de "educação com viés ideológico".

Para a questão 24, o gabarito indica como correta a opção B.

As questões 13 e 32 testam a habilidade 14: "reconhecer o valor da diversidade artística e das inter-relações de elementos que se apresentam nas manifestações de vários grupos sociais e étnicos".

Figura 33 – Questão objetiva 13

Questão 13

Com o enredo que homenageou o centenário do Rei do Baião, Luiz Gonzaga, a Unidos da Tijuca foi coroada no Carnaval 2012.

A penúltima escola a entrar na Sapucaí, na segunda noite de desfiles, mergulhou no universo do cantor e compositor brasileiro e trouxe a cultura nordestina com criatividade para a Avenida, com o enredo *O dia em que toda a realeza desembarcou na Avenida para coroar o Rei Luiz do Sertão*.

Disponível em: www.cultura.rj.gov.br.
Acesso em: 15 maio 2012 (adaptado).

A notícia relata um evento cultural que marca a

A primazia do samba sobre a música nordestina.

B inter-relação entre dois gêneros musicais brasileiros.

C valorização das origens oligárquicas da cultura nordestina.

D proposta de resgate de antigos gêneros musicais brasileiros.

E criatividade em compor um samba-enredo em homenagem a uma pessoa.

Fonte: questão 13 - Prova amarela – Linguagens, códigos e suas tecnologias - ENEM 2019

O texto da questão reúne a mais famosa festa popular brasileira, o carnaval, que tem parte de seus festejos embalados sobretudo pelo samba e também pelo baião, este segundo é o ritmo nordestino que ganhou destaque pela voz de Luiz Gonzaga, *O Rei do Baião*.

O excerto da notícia informa que a Unidos da Tijuca foi a vencedora do desfile das escolas de samba cariocas, no ano de 2012, quando contou, na Sapucaí, a história do cantor Luiz Gonzaga, por ocasião do centenário do artista. O trecho também informa que o enredo foi *O dia em que toda a realeza desembarcou na Avenida para coroar o Rei Luiz do Sertão*.

Ao mergulhar no universo do baião, a Unidos da Tijuca trouxe para o carnaval carioca a cultura nordestina, criando uma inter-relação entre o samba, música que comanda o desfile das escolas de samba cariocas e o baião, música nordestina que foi cantada pelo *Rei do Baião*.

Para identificar a alternativa que o gabarito informa ser a correta (B), o estudante precisaria inferir que houve a junção de duas culturas na Sapucaí sem que uma sobressaísse. Entretanto, chegar à alternativa correta na questão 13 não é trivial. A opção (E) "criatividade em compor um samba-enredo em homenagem a uma pessoa" pode confundir o estudante, uma vez que o texto da questão diz que a escola de samba "trouxe a cultura nordestina com criatividade para a Avenida".

Para a questão 13, o gabarito indica como correta a opção B.

Figura 34 – Questão objetiva 32

Questão 32

TEXTO I

Fotografia de Jackson Pollock pintando em seu ateliê,
realizada por Hans Namuth em 1951.

CHIPP, H. **Teorias da arte moderna**. São Paulo: Martins Fontes, 1988.

TEXTO II

MUNIZ, V. **Action Photo** (segundo Hans Namuth em *Pictures
in Chocolate*). Impressão fotográfica, 152,4 cm x 121,92 cm,
The Museum of Modern Art, Nova Iorque, 1977.

NEVES, A. **História da arte 4**. Vitória: Ufes – Nead, 2011.

Utilizando chocolate derretido como matéria-prima, essa
obra de Vick Muniz reproduz a célebre fotografia do
processo de criação de Jackson Pollock. A originalidade
dessa releitura reside na

Ⓐ apropriação parodística das técnicas e
materiais utilizados.

Ⓑ reflexão acerca dos sistemas de circulação da arte.

Ⓒ simplificação dos traços da composição pictórica.

Ⓓ contraposição de linguagens artísticas distintas.

Ⓔ crítica ao advento do abstracionismo.

Fonte: questão 32 - Prova amarela – Linguagens, códigos e suas tecnologias - ENEM 2019

A fotografia que retrata o processo de criação de Jackson Pollock e a releitura que Vick Muniz faz da foto de Pollock são as imagens que motivam a questão 32.

Vick Muniz é conhecido por usar materiais inusitados, como lixo, restos de demolição e componentes como açúcar e chocolate em suas obras. Em seu Hans Namuth em *Pictures in Chocolate* o artista faz uso do chocolate derretido como matéria prima e propõe um diálogo intertextual, criando foto com base na original.

Acertaria a questão o estudante que compreendesse que existem técnicas diferentes que podem ser utilizadas para a produção artística com o objetivo de releitura de obras/textos fonte, especificamente na obra e no estilo de Vick Muniz.

Trata-se de questão complexa, pois supõe interpretação de imagens e porque o enunciado fornece poucas informações favoráveis ao raciocínio lógico do estudante.

Para a questão 32, o gabarito indica como correta a alternativa A.

As quatro questões da competência 4 têm foco na "arte como saber cultural e estético gerador de significação e integrador da organização do mundo e da própria identidade" e testam a competência.

O suporte apresentado nas questões 27 e 32 não traz informações suficientes para que o candidato chegue à resposta correta. Para marcar as alternativas corretas, o participante precisaria ter conhecimentos prévios sobre o modo de criação das obras de arte que motivam ambas as questões.

Na questão 24 o suporte encaminha para a estruturação do raciocínio lógico, de modo que o estudante que não tem conhecimento sobre Futurismo possa marcar a resposta correta.

A questão 13 traz poucas informações no texto fonte e pode confundir o estudante entre as opções (B) e (E).

As questões 23 e 29 testam a habilidade 15: "estabelecer relações entre o texto literário e o momento de sua produção, situando aspectos do contexto histórico, social e político".

Figura 35 – Questão objetiva 23

Questão 23

HELOÍSA: Faz versos?
PINOTE: Sendo preciso... Quadrinhas... Acrósticos...
Sonetos... Reclames.
HELOÍSA: Futuristas?
PINOTE: Não senhora! Eu já fui futurista.
Cheguei a acreditar na independência... Mas foi
uma tragédia! Começaram a me tratar de maluco.
A me olhar de esguelha. A não me receber mais.
As crianças choravam em casa. Tenho três filhos.
No jornal também não pagavam, devido à crise.
Precisei viver de bicos. Ah! Reneguei tudo. Arranjei
aquele instrumento (*Mostra a faca*) e fiquei passadista.

ANDRADE, O. *O rei da vela*. São Paulo: Globo, 2003.

O fragmento da peça teatral de Oswald de Andrade
ironiza a reação da sociedade brasileira dos anos 1930
diante de determinada vanguarda europeia. Nessa
visão, atribui-se ao público leitor uma postura

A preconceituosa, ao evitar formas poéticas simplificadas.

B conservadora, ao optar por modelos consagrados.

C preciosista, ao preferir modelos literários eruditos.

D nacionalista, ao negar modelos estrangeiros.

E eclética, ao aceitar diversos estilos poéticos.

Fonte: questão 23 - Prova amarela – Linguagens, códigos e suas tecnologias - ENEM 2019

Um pequeno excerto da peça *O rei da vela*, de Oswald de Andrade é o texto da questão 23 que avalia se o estudante, por meio da leitura e análise do texto, do enunciado e das alternativas assinala a resposta correta.

O gabarito atribui ao público uma postura conservadora, pois, conforme o personagem Pinote diz, ele já foi futurista, mas não obteve sucesso, por isso, rendeu-se à pressão contra seu estilo literário e ficou passadista.

O comando da questão faz referência à "determinada vanguarda europeia" e diz que o autor ironiza a reação brasileira a essa vanguarda. Essas informações contribuem para que o participante estruture o raciocínio lógico para chegar à resposta correta, uma vez que só com as informações do trecho de *O rei da vela* isso não é possível.

Para a questão 23, o gabarito indica como correta a alternativa B.

Figura 36 – Questão objetiva 29

Questão 29

Inverno! inverno! inverno!

Tristes nevoeiros, frios negrumes da longa treva boreal, descampados de gelo cujo limite escapa-nos sempre, desesperadamente, para lá do horizonte, perpétua solidão inóspita, onde apenas se ouve a voz do vento que passa uivando como uma legião de lobos, através da cidade de catedrais e túmulos de cristal na planície, fantasmas que a miragem povoam e animam, tudo isto: decepções, obscuridade, solidão, desespero e a hora invisível que passa como o vento, tudo isto é o frio inverno da vida.

Há no espírito o luto profundo daquele céu de bruma dos lugares onde a natureza dorme por meses, à espera do sol avaro que não vem.

POMPEIA, R. **Canções sem metro**. Campinas: Unicamp, 2013.

Reconhecido pela linguagem impressionista, Raul Pompeia desenvolveu-a na prosa poética, em que se observa a

Ⓐ imprecisão no sentido dos vocábulos.

Ⓑ dramaticidade como elemento expressivo.

Ⓒ subjetividade em oposição à verossimilhança.

Ⓓ valorização da imagem com efeito persuasivo.

Ⓔ plasticidade verbal vinculada à cadência melódica.

Fonte: questão 36 - Prova amarela – Linguagens, códigos e suas tecnologias - ENEM 2019

O trecho de *Inverno* é uma prosa que emprega recursos de poesia e descreve de modo intenso (frios negrumes da longa treva boreal) e sugestivo (perpétua solidão inóspita) a paisagem do inverno. A pontuação do texto impõe uma cadência melódica e exige leitura expressiva, como se nota já na primeira linha.

Raul Pompeia faz uso de linguagem plástica para criar uma descrição metafórica e no final do segundo parágrafo revela que "tudo isto é o frio inverno da vida".

A questão não contextualiza o movimento impressionista, mas o suporte apresentado daria chance de o candidato chegar à alternativa correta, uma vez que estre as alternativas apresentadas, somente em "plasticidade verbal vinculada à cadência melódica" observa-se a caraterística da prosa poética do texto de Raul Pompeia.

Para a questão 29, o gabarito indica como correta a alternativa E.

As questões 10, 14, 25 e 43 testam a habilidade 16: "relacionar informações sobre concepções artísticas e procedimentos de construção do texto literário".

Figura 37 – Questão objetiva 10

Questão 10

Uma ouriça

Se o de longe esboça lhe chegar perto,
se fecha (convexo integral de esfera),
se eriça (bélica e multiespinhenta):
e, esfera e espinho, se ouriça à espera.
Mas não passiva (como ouriço na loca);
nem só defensiva (como se eriça o gato);
sim agressiva (como jamais o ouriço),
do agressivo capaz de bote, de salto
(não do salto para trás, como o gato):
daquele capaz de salto para o assalto.

Se o de longe lhe chega em (de longe),
de esfera aos espinhos, ela se desouriça.
Reconverte: o metal hermético e armado
na carne de antes (côncava e propícia),
e as molas felinas (para o assalto),
nas molas em espiral (para o abraço).

MELO NETO, J. C. **A educação pela pedra**. Rio de Janeiro: Nova Fronteira, 1997.

Com apuro formal, o poema tece um conjunto semântico que metaforiza a atitude feminina de

Ⓐ tenacidade transformada em brandura.
Ⓑ obstinação traduzida em isolamento.
Ⓒ inércia provocada pelo desejo platônico.
Ⓓ irreverência cultivada de forma cautelosa.
Ⓔ desconfiança consumada pela intolerância.

Fonte: questão 10 - Prova amarela – Linguagens, códigos e suas tecnologias - ENEM 2019

No poema *A Ouriça*, João Cabral produz um processo metafórico que transforma a "ouriça" em uma síntese do comportamento feminino. Tal como o ouriço que faz uso dos espinhos quando precisa se defender, o feminino oscila entre ações defensivas como "se eriça (bélica e multiespinhenta)" e movimentos receptivos como "nas molas em espiral (para o abraço)". Por isso, "tenacidade transformada em brandura", conforme indica o gabarito, é a alternativa que indica a metáfora que o poeta constrói em *A Ouriça*.

Mesmo a metáfora sendo, de todas, a figura de linguagem mais usada e mais conhecida, o suporte poderia ter trazido a definição de metáfora. Do modo como está elaborada, a questão privilegia a memorização e dificulta a estruturação do raciocínio lógico.

Para a questão 10, o gabarito indica como correta a alternativa A.

Figura 38 – Questão objetiva 14

Questão 14

Os subúrbios do Rio de Janeiro foram a primeira coisa a aparecer no mundo, antes mesmo dos vulcões e dos cachalotes, antes de Portugal invadir, antes do Getúlio Vargas mandar construir casas populares. O bairro do Queím, onde nasci e cresci, é um deles. Aconchegado entre o Engenho Novo e Andaraí, foi feito daquela argila primordial, que se aglutinou em diversos formatos: cães soltos, moscas e morros, uma estação de trem, amendoeiras e barracos e sobrados, botecos e arsenais de guerra, armarinhos e bancas de jogo do bicho e um terreno enorme reservado para o cemitério. Mas tudo ainda estava vazio: faltava gente.

Não demorou. As ruas juntaram tanta poeira que o homem não teve escolha a não ser passar a existir, para varrê-las. À tardinha, sentar na varanda das casas e reclamar da pobreza, falar mal dos outros e olhar para as calçadas encardidas de sol, os ônibus da volta do trabalho sujando tudo de novo.

HERINGER, V. **O amor dos homens avulsos.**
São Paulo: Cia. das Letras, 2016.

Traçando a gênese simbólica de sua cidade, o narrador imprime ao texto um sentido estético fundamentado na

Ⓐ excentricidade dos bairros cariocas de sua infância.

Ⓑ perspectiva caricata da paisagem de traços deteriorados.

Ⓒ importância dos fatos relacionados à história dos subúrbios.

Ⓓ diversidade dos tipos humanos identificados por seus hábitos.

Ⓔ experiência do cotidiano marcado pelas necessidades e urgências.

Fonte: questão 14 - Prova amarela – Linguagens, códigos e suas tecnologias - ENEM 2019

Ao narrar a gênese dos subúrbios cariocas que "foram a primeira coisa a aparecer no mundo", o texto de Heringer faz uma descrição caricata dessa região da cidade do Rio de Janeiro. O fictício bairro Queím é o foco da descrição que tem um tom irônico, pois é possível inferir que as características dos subúrbios já existiam antes que houvesse gente morando lá.

O comando merece dois comentários: a) diz que o narrador traçou gênese simbólica de sua cidade, essa informação é relevante para que o participante não fique confuso entre as alternativas (B) e (C); b) privilegia a leitura e a análise do texto da questão, afirmando que no texto o "narrador imprime um sentido estético".

Não se trata de questão de alta complexidade, mas estudantes que não conhecem o cenário dos subúrbios cariocas poderiam ter dificuldade para chegar à alternativa correta.

Para a questão 14, o gabarito indica como correta a alternativa B.

Figura 39 – Questão objetiva 25

Questão 25

Ela nasceu lesma, vivia no meio das lesmas, mas não estava satisfeita com sua condição. Não passamos de criaturas desprezadas, queixava-se. Só somos conhecidas por nossa lentidão. O rastro que deixaremos na História será tão desprezível quanto a gosma que marca nossa passagem pelos pavimentos.

A esta frustração correspondia um sonho: a lesma queria ser como aquele parente distante, o *escargot*. O simples nome já a deixava fascinada: um termo francês, elegante, sofisticado, um termo que as pessoas pronunciavam com respeito e até com admiração. Mas, lembravam as outras lesmas, os *escargots* são comidos, enquanto nós pelo menos temos chance de sobreviver. Este argumento não convencia a insatisfeita lesma, ao contrário: preferiria exatamente terminar sua vida desta maneira, numa mesa de toalha adamascada, entre talheres de prata e cálices de cristal. Assim como o mar é o único túmulo digno de um almirante batavo, respondia, a travessa de porcelana é a única lápide digna dos meus sonhos.

SCLIAR, M. Sonho de lesma. In: ABREU, C. F. et al.
A prosa do mundo. São Paulo: Global, 2009.

Incorporando o devaneio da personagem, o narrador compõe uma alegoria que representa o anseio de

Ⓐ rejeitar metas de superação de desafios.

Ⓑ restaurar o estado de felicidade pregressa.

Ⓒ materializar expectativas de natureza utópica.

Ⓓ rivalizar com indivíduos de condição privilegiada.

Ⓔ valorizar as experiências hedonistas do presente.

Fonte: questão 25 - Prova amarela – Linguagens, códigos e suas tecnologias - ENEM 2019

A lesma do texto de Scliar tinha a pretensão impossível de ser escargot, pois o "parente distante" tem prestígio, não é apenas uma criatura tão "desprezível" quanto a marca de gosma que a lesma deixa por onde passa.

Em seu desejo utópico, a lesma, insatisfeita com sua condição, preferia morrer como um chique escargot, "numa mesa de toalha adamascada, entre talheres de prata e cálices de cristal".

O suporte da questão 25 não apresenta o conceito de alegoria, o que dificulta a estruturação do raciocínio lógico dos participantes que não sabem a definição da figura de linguagem a que o enunciado se refere. Falta também o conceito de utopia.

O caráter interpretativo da questão permitiria chegar à alternativa correta desde que o estudante dominasse o conceito de utopia.

Para a questão 25, o gabarito indica como correta a alternativa C.

Figura 40 – Questão objetiva 43

Questão 43

A viagem

Que coisas devo levar
nesta viagem em que partes?
As cartas de navegação só servem
a quem fica.
Com que mapas desvendar
um continente
que falta?
Estrangeira do teu corpo
tão comum
quantas línguas aprender
para calar-me?
Também quem fica
procura
um oriente.
Também
a quem fica
cabe uma paisagem nova
e a travessia insone do desconhecido
e a alegria difícil da descoberta.
O que levas do que fica,
o que, do que levas, retiro?

MARQUES, A. M. In: SANT'ANNA, A. (Org.). **Rua Aribau.**
Porto Alegre: Tag, 2018.

A viagem e a ausência remetem a um repertório poético tradicional. No poema, a voz lírica dialoga com essa tradição, repercutindo a

Ⓐ saudade como experiência de apatia.

Ⓑ presença da fragmentação da identidade.

Ⓒ negação do desejo como expressão de culpa.

Ⓓ persistência da memória na valorização do passado.

Ⓔ revelação de rumos projetada pela vivência da solidão.

Fonte: questão 43 - Prova amarela – Linguagens, códigos e suas tecnologias - ENEM 2019

A ruptura de um relacionamento afetivo e a ausência do outro faz com o que o eu lírico de *A viagem* sinta-se sozinho e que se pergunte o que deve levar na viagem que também começa para quem fica. Ele pergunta quais os mapas que desvendarão "um continente que falta", o desconhecido, pois "Também quem fica procura um oriente" e "a quem fica cabe uma paisagem nova".

O texto da questão, o comando e as alternativas colaboram para que o candidato chegue à alternativa correta. A questão 43 privilegia a leitura e a análise do texto *A viagem* que trata da busca por novos rumos.

Para a questão 43, o gabarito indica como correta a alternativa E.

As questões 35 e 38 testam a habilidade 17: "reconhecer a presença de valores sociais e humanos atualizáveis e permanentes no patrimônio literário nacional".

Figura 41 – Questão objetiva 35

Questão 35

Essa lua enlutada, esse desassossego
A convulsão de dentro, ilharga
Dentro da solidão, corpo morrendo
Tudo isso te devo. E eram tão vastas
As coisas planejadas, navios,
Muralhas de marfim, palavras largas
Consentimento sempre. E seria dezembro.
Um cavalo de jade sob as águas
Dupla transparência, fio suspenso
Todas essas coisas na ponta dos teus dedos
E tudo se desfez no pórtico do tempo
Em lívido silêncio. Umas manhãs de vidro
Vento, a alma esvaziada, um sol que não vejo

Também isso te devo.

HILST, H. Júbilo, memória, noviciado da paixão.
São Paulo: Cia. das Letras, 2018.

No poema, o eu lírico faz um inventário de estados passados espelhados no presente. Nesse processo, aflora o

Ⓐ cuidado em apagar da memória os restos do amor.
Ⓑ amadurecimento revestido de ironia e desapego.
Ⓒ mosaico de alegrias formado seletivamente.
Ⓓ desejo reprimido convertido em delírio.
Ⓔ arrependimento dos erros cometidos.

Fonte: questão 35 - Prova amarela – Linguagens, códigos e suas tecnologias - ENEM 2019

O poema de Hilda Hilst compara o passado e o presente de uma relação amorosa. No passado havia "coisas planejadas", "navios" e "consentimento sempre". No presente, "lua enlutada", "esse desassossego", "convulsão de dentro", "alma esvaziada".

Ao fazer essa comparação, felicidade no passado e "desassossego" no presente, evidencia-se a separação e o abandono dos projetos do casal que se "desfez no pórtico do tempo".

Pode-se atribuir ironia aos versos "Tudo isso te devo" e "Também isso te devo", o que justificaria o gabarito que assinala a alternativa (B) como correta. Entretanto, não há no texto referência a amadurecimento do eu-lírico, muito menos alguma pista de desapego do passado. No presente, o eu-lírico está "Dentro da solidão, corpo morrendo".

A questão é complexa, pois o texto apresentado é denso e complexo. Em função disso, o estudante poderia chegar à alternativa (D) (desejo reprimido convertido em delírio) como correta. Mesmo os estudantes que conhecem a obra de Hilda Hilst teriam dificuldade para marcar a alternativa correta, pois o suporte da questão não favorece a estruturação do raciocínio lógico.

Para a questão 35, o gabarito indica como correta a alternativa D.

Figura 42 – Questão objetiva 38

Questão 38

Menina

A máquina de costura avançava decidida sobre o pano. Que bonita que a mãe era, com os alfinetes na boca. Gostava de olhá-la calada, estudando seus gestos, enquanto recortava retalhos de pano com a tesoura. Interrompia às vezes seu trabalho, era quando a mãe precisava da tesoura. Admirava o jeito decidido da mãe ao cortar pano, não hesitava nunca, nem errava. A mãe sabia tanto! Tita chamava-a de ( ) como quem diz ( ). Tentava não pensar as palavras, mas sabia que na mesma hora da tentativa tinha-as pensado. Oh, tudo era tão difícil. A mãe saberia o que ela queria perguntar-lhe intensamente agora quase com fome depressa depressa antes de morrer, tanto que não se conteve e — Mamãe, o que é desquitada? — atirou rápida com uma voz sem timbre. Tudo ficou suspenso, se alguém gritasse o mundo acabava ou Deus aparecia — sentia Ana Lúcia. Era muito forte aquele instante, forte demais para uma menina, a mãe parada com a tesoura no ar, tudo sem solução podendo desabar a qualquer pensamento, a máquina avançando desgovernada sobre o vestido de seda brilhante espalhando luz luz luz.

ÂNGELO, I. Menina. In: **A face horrível**. São Paulo: Lazuli, 2017.

Escrita na década de 1960, a narrativa põe em evidência uma dramaticidade centrada na

Ⓐ insinuação da lacuna familiar gerada pela ausência da figura paterna.

Ⓑ associação entre a angústia da menina e a reação intempestiva da mãe.

Ⓒ relação conflituosa entre o trabalho doméstico e a emancipação feminina.

Ⓓ representação de estigmas sociais modulados pela perspectiva da criança.

Ⓔ expressão de dúvidas existenciais intensificadas pela percepção do abandono.

Fonte: questão 38 - Prova amarela – Linguagens, códigos e suas tecnologias - ENEM 2019

Ana Lúcia observa com admiração a destreza da mãe no exercício da costura, mas a menina tem uma curiosidade que altera a aparente ordem estabelecida. A criança quer saber o significado da palavra desquitada o que deixa sua mãe "parada com a tesoura no ar, tudo sem solução podendo desabar a qualquer pensamento".

O fragmento do conto *Menina* coloca em evidência o estigma da mulher desquitada. O desquite não existe mais, foi substituído pelo divórcio e as mulheres ainda sofrem com preconceito e com o machismo até hoje.

Trata-se de questão que privilegia a leitura e a análise do texto *Menina*, mas merece comentário o fato de a questão abordar o desquite, tipo de separação conjugal que foi substituída pelo divórcio em 1977.

Para chegar à alternativa correta e para compreender por que o comando cita dramaticidade, o estudante precisaria ter o conhecimento prévio do que era o desquite e de como o fim de um casamento pesava sobre os ombros das mulheres nas décadas de 1960 e 1970.

Para a questão 38, o gabarito indica como correta a alternativa D.

As oito questões da competência 5: "analisar, interpretar e aplicar recursos expressivos das linguagens, relacionando textos com seus contextos, mediante a natureza, função, organização, estrutura das manifestações, de acordo com as condições de produção e recepção" são baseadas em textos da literatura brasileira e valorizam a leitura e a análise dentro do contexto em que os textos foram produzidos.

Apenas as questões 23 e 43 oferecem suporte que contribui para a estruturação do raciocínio lógico de quem faz a prova. O suporte também privilegia a leitura e análise dos textos para que o aluno chegue à resposta correta.

As outras questões analisadas são complexas porque: a memorização é valorizada nas questões 29, 10 e 25, em função disso, os estudantes que não tivessem memorizados os conceitos testados nessas questões teriam dificuldade para marcar a alternativa correta; o apagamento do subúrbio carioca dificulta a questão 14; o texto da questão 35 é complexo, sua leitura e interpretação não é trivial para parte dos estudantes que estão terminando o ensino médio e na questão 38, as alternativas podem confundir o estudante que faz a prova.

A questão 26 testa a habilidade 18: "identificar os elementos que concorrem para a progressão temática e para a organização e estruturação de textos de diferentes gêneros e tipos".

Figura 43 – Questão objetiva 26

Questão 26

A ciência do Homem-Aranha

Muitos dos superpoderes do querido Homem-Aranha de fato se assemelham às habilidades biológicas das aranhas e são objeto de estudo para produção de novos materiais.

O "sentido-aranha" adquirido por Peter Parker funciona quase como um sexto sentido, uma espécie de habilidade premonitória e, por isso, soa como um mero elemento ficcional. No entanto, as aranhas realmente têm um sentido mais aguçado. Na verdade, elas têm um dos sistemas sensoriais mais impressionantes da natureza.

Os pelos sensoriais das aranhas, que estão espalhados por todo o corpo, funcionam como uma forma muito boa de perceber o mundo e captar informações do ambiente. Em muitas espécies, esse tato por meio dos pelos tem papel mais importante que a própria visão, uma vez que muitas aranhas conseguem prender e atacar suas presas na completa escuridão. E por que os pelos humanos não são tão eficientes como órgãos sensoriais como os das aranhas? Primeiro, porque um ser humano tem em média 60 fios de pelo em cada cm² do corpo, enquanto algumas espécies de aranha podem chegar a ter 40 mil pelos por cm²; segundo, porque cada pelo das aranhas possui até 3 nervos para fazer a comunicação entre a sensação percebida e o cérebro, enquanto nós, seres humanos, temos apenas 1 nervo por pelo.

Disponível em: http://cienciahoje.org.br.
Acesso em: 11 dez. 2018 (adaptado).

Como estratégia de progressão do texto, o autor simula uma interlocução com o público leitor ao recorrer à

Ⓐ revelação do "sentido-aranha" adquirido pelo super-herói como um sexto sentido.

Ⓑ caracterização do afeto do público pelo super-herói marcado pela palavra "querido".

Ⓒ comparação entre os poderes do super-herói e as habilidades biológicas das aranhas.

Ⓓ pergunta retórica na introdução das causas da eficiência do sistema sensorial das aranhas.

Ⓔ comprovação das diferenças entre a constituição física do homem e da aranha por meio de dados numéricos.

Fonte: questão 26 - Prova amarela – Linguagens, códigos e suas tecnologias - ENEM 2019

Quando são inseridos elementos de conexão no texto, é criada a progressão textual. Existem diversos recursos linguísticos que conferem progressão ao texto, ligando de forma adequada as orações, os períodos e os parágrafos.

No texto *A ciência do Homem-Aranha* uma das estratégias de progressão que o autor usa é a pergunta retórica "E por que os pelos humanos não são tão eficientes como órgãos sensoriais como os das aranhas?". A interrogação que não espera resposta simula uma interlocução como o leitor.

O enunciado pergunta qual a estratégia de progressão do texto que o autor utiliza para simular interlocução com o público leitor. A parte do texto da questão que simula essa interlocução é a pergunta que antecede a explicação dos motivos que tornam eficiente o sistema sensorial das aranhas. Apesar de o suporte da questão não informar o conceito de retórica, o estudante que soubesse o significado de simular, verbo que está no comando da questão, chegaria à alternativa correta.

Para a questão 26, o gabarito indica como correta a alternativa D.

A questão 44 testa a habilidade 19: "analisar a função da linguagem predominante nos textos em situações específicas de interlocução".

Figura 44 – Questão objetiva 44

Questão 44

O Instituto de Arte de Chicago disponibilizou para visualização on-line, compartilhamento ou download (sob licença *Creative Commons*), 44 mil imagens de obras de arte em altíssima resolução, além de livros, estudos e pesquisas sobre a história da arte.

Para o historiador da arte, Bendor Grosvenor, o sucesso das coleções on-line de acesso aberto, além de democratizar a arte, vem ajudando a formar um novo público museológico. Grosvenor acredita que quanto mais pessoas forem expostas à arte on-line, mais visitas pessoais acontecerão aos museus.

A coleção está disponível em seis categorias: paisagens urbanas, impressionismo, essenciais, arte africana, moda e animais. Também é possível pesquisar pelo nome da obra, estilo, autor ou período. Para navegar pela imagem em alta definição, basta clicar sobre ela e utilizar a ferramenta de zoom. Para fazer o download, disponível para obras de domínio público, é preciso utilizar a seta localizada do lado inferior direito da imagem.

Disponível em: www.revistabula.com. Acesso em: 5 dez. 2018 (adaptado).

A função da linguagem que predomina nesse texto se caracteriza por

A evidenciar a subjetividade da reportagem com base na fala do historiador de arte.

B convencer o leitor a fazer o acesso on-line, levando-o a conhecer as obras de arte.

C informar sobre o acesso às imagens por meio da descrição do modo como acessá-las.

D estabelecer interlocução com o leitor, orientando-o a fazer o download das obras de arte.

E enaltecer a arte, buscando popularizá-la por meio da possibilidade de visualização on-line.

Fonte: questão 44 - Prova amarela – Linguagens, códigos e suas tecnologias - ENEM 2019

A questão 44 verifica se, a partir da leitura e da análise do texto, o estudante identifica a função da linguagem predominante no texto: a função referencial, sem que seja preciso nomeá-la.

Não há privilégio do papel do conteúdo, pois as alternativas da questão descrevem o objetivo das funções sem citar o nome de cada uma e o texto da questão diz logo no início que sua finalidade é fornecer informações de como "44 mil imagens de obras de arte em altíssima resolução, além de livros, estudos e pesquisas sobre a história da arte".

A função referencial é informa de modo objetivo. É isso que faz o texto do suporte da questão.

Para a questão 44, o gabarito indica como correta a alternativa C.

Figura 45 – Questão objetiva 16

Questão 45

Ed Mort só vai

Mort. Ed Mort. Detetive particular. Está na plaqueta. Tenho um escritório numa galeria de Copacabana entre um fliperama e uma loja de carimbos. Dá só para o essencial, um telefone mudo e um cinzeiro. Mas insisto numa mesa e numa cadeira. Apesar do protesto das baratas. Elas não vencerão. Comprei um jogo de máscaras. No meu trabalho o disfarce é essencial. Para escapar dos credores. Outro dia entrei na sala e vi a cara do King Kong andando pelo chão. As baratas estavam roubando as máscaras. Espisoteei meia dúzia. As outras atacaram a mesa. Consegui salvar a minha Bic e o jornal. O jornal era novo, tinha só uma semana. Mas elas levaram a agenda. Saí ganhando. A agenda estava em branco. Meu último caso fora com a funcionária do Erótica, a primeira ótica da cidade com balconista topless. Acabara mal. Mort. Ed Mort. Está na plaqueta.

VERISSIMO, L. F. **Ed Mort**: todas as histórias. Porto Alegre: L&PM, 1997 (adaptado).

Nessa crônica, o efeito de humor é basicamente construído por uma

Ⓐ segmentação de enunciados baseada na descrição dos hábitos do personagem.

Ⓑ ordenação dos constituintes oracionais na qual se destaca o núcleo verbal.

Ⓒ estrutura composicional caracterizada pelo arranjo singular dos períodos.

Ⓓ sequenciação narrativa na qual se articulam eventos absurdos.

Ⓔ seleção lexical na qual predominam informações redundantes.

Fonte: questão 16 - Prova amarela – Linguagens, códigos e suas tecnologias - ENEM 2019

A questão 16 testa a habilidade 20: "reconhecer a importância do patrimônio linguístico para a preservação da memória e da identidade nacional".

A questão apresenta dois textos sobre a evolução das línguas através do tempo e da influência que uma língua exerce sobre a outra. O texto I trata da evolução de forma genérica, dizendo que "Na passagem de uma língua para outra, algo sempre permanece, mesmo que não haja ninguém para se lembrar desse algo". O texto II trata especificamente da influência árabe no português e do castelhano.

O objetivo da questão é avaliar se o estudante, por meio da leitura e análise dos textos e da questão reconhece que "o português é o resultado da influência de outras línguas no passado e carrega marcas delas em suas múltiplas camadas".

Trata-se de questão que abre a expectativa para que a partir da leitura e análise dos textos o participante marque a alternativa correta.

É necessário fazer comentários sobre os textos escolhidos para a questão 16 que avalia "a importância do patrimônio linguístico para a preservação da memória e da identidade nacional".

Ambos os textos estão centrados na diacronia da língua, tópico que não é relevante para o estudante concluinte do ensino médio que está se candidatando a uma vaga na universidade. O texto I trata das marcas que uma língua deixa na outra, mesmo sem que haja condição de se recuperar essas marcas. O texto II sugere que o latim é uma língua que tem mais prestígio que o árabe. Os textos fazem crescer a ideia de que o patrimônio linguístico que colabora para a identidade nacional é o que ficou das línguas que deram origem ao nosso idioma e desconsideram a sincronia da língua.

Os dois autores não são conhecidos pelos alunos das camadas populares. A questão opera numa falha teórica, ao abstrair a língua de seus falantes e ao hierarquizar as línguas.

Para a questão 16, o gabarito indica como correta a alternativa C.

A competência 6: "compreender e usar os sistemas simbólicos das diferentes linguagens como meios de organização cognitiva da realidade pela constituição de significados, expressão, comunicação e informação" é testada nas questões 26, 44 e 16.

A questão 26 tem foco na progressão textual, a 44 nas funções da linguagem e a 16 no patrimônio linguístico.

A questão 26 faz menção ao conteúdo muito presente nas aulas de língua portuguesa e produção textual na educação básica: a progressão textual (coesão/coerência). Se o conceito de retórica estivesse posto na questão, um maior número de alunos teria chance chegar à alternativa correta.

A questão 44 versa sobre função referencial da linguagem e apresenta um texto jornalístico que informa sobre o acesso on-line a acervo de obras de arte, de livros, de estudos e de pesquisas sobre a história da arte.

A questão 16 abstrai a língua de seus falantes e não valoriza a sincronia, além disso hierarquiza as línguas. É um bom conteúdo para quem está cursando letras fazer uma análise crítica.

Conforme reafirmado no edital do exame de 2019, entre os objetivos do ENEM estão os seguintes: "permitir a criação de referência nacional para o aperfeiçoamento dos currículos do ensino médio"; "permitir o acesso do participante a programas governamentais de financiamento ou apoio ao estudante da educação superior"; "viabilizar o desenvolvimento de estudos e indicadores sobre a educação brasileira" (INEP, 2019). Da abordagem destes objetivos do exame, após a análise de questões do ENEM 2019, emerge uma indagação: que tipo de contribuição a prova de 2019 oferece para o aperfeiçoamento dos currículos do ensino médio?

Retomo aqui o consenso de que uma educação de qualidade muda a sociedade e provoca avanços significativos tanto no campo social, quanto no econômico de uma nação. Entretanto, antes de concordar com esse consenso, é necessário saber de que educação estamos falando.

A importância da educação vai além do aumento da renda individual da pessoa ou das oportunidades de emprego que ela possa ter. É a educação que garante o desenvolvimento social, econômico e cultural de uma nação. Entretanto, para que esse avanço aconteça, é necessário que se tenha como projeto a inclusão daqueles que não têm/tiveram as mesmas chances de acesso aos bens culturais que os estudantes das classes mais abastadas tiveram.

Nas questões das três edições do ENEM que analisei, constatei que, com o passar dos anos, o modo de elaboração do exame foi mudando. Essas mudanças fizeram com que a prova passasse de mais equitativa para uma prova que, em consequência do modo de elaboração das questões, favorece um grupo de estudantes que desde muito cedo conviveu com a língua e com a cultura consideradas de prestígio.

O ENEM, que foi criado para ser o exame que avaliava o desempenho do estudante na educação básica, passou a ser o exame que os estudantes fazem para disputar a uma vaga na universidade. O exame que teria um papel fulcral na construção de uma educação inclusiva, ao longo dos anos, distanciou-se desse propósito.

Sobre educação e avanços sociais, Apple (2017, p. 28) postula que "não se pode responder adequadamente à pergunta se a educação pode mudar a sociedade, a não ser que se olhe para a sociedade da posição de múltiplos grupos de oprimidos".

A educação muda a sociedade, mas a mudança vai depender do tipo de educação que é ofertada aos cidadãos de um país e do tipo de mudança que se pretende alcançar. Conforme afirma o autor, "é importante perceber que a educação é parte da sociedade. Ela não é algo estranho, algo que fica do lado de fora. De fato, ela é um conjunto primordial de instituições e um conjunto primordial de relações sociais e pessoais" (APPLE, 2017, p. 39-40).

A educação é tão central para a sociedade quanto o são lojas, pequenos negócios, franquias de *fast-food*, fábricas, instituições de saúde e tantos lugares onde poder e pessoas interagem (APPLE, 2017). O exame que mensura a educação e produz dados para o aperfeiçoamento dos currículos do ensino médio e para permitir o acesso a programas governamentais de financiamento ou apoio ao estudante da educação superior diz muito sobre o tipo de educação que o país quer instituir.

Com base no que Apple postula, e levando em conta a análise sobre as provas de 2000, 2010 e 2019, vemos que nelas se apresentam diferenças que merecem comentários.

No exame de 2000, os textos favorecem a reflexão sobre o papel da cidadania, a elaboração das questões colabora para a estruturação do raciocínio lógico e o capital cultural não se constitui em dificuldade para que o participante tenha bom desempenho na prova.

O Novo ENEM (2010) passa a ser um exame mais longo, com questões que mobilizam um tipo de capital cultural que não é familiar a parte dos estudantes que fazem a prova. Em algumas questões falta contextualização, o que dificulta ao participante marcar a alternativa correta, mas não é uma prova que abandona a reflexão sobre cidadania.

A prova de 2019 nos permite retomar Bourdieu e Passeron (2014), que destacam o papel do exame na seleção de estudantes, o que implica eliminação de uns e escolha de outros. Eliminação que se aprofunda ainda mais quando o exame é um instrumento eficaz para valorizar a cultura dominante e uma ordem social que se deseja manter em sua elaboração.

Quando discute a função de conservação social da escola, Bourdieu afirma:

> É a hierarquia dos valores intelectuais que dá aos manipuladores prestigiosos de palavras e ideias superioridade sobre os humildes servidores das técnicas. É, enfim, a lógica própria de um sistema que tem por função objetiva conservar os valores que fundamentam a ordem social. (BOURDIEU, 2015, p. 63).

Essa afirmação é o que está patente nas questões analisadas do ENEM 2019. Se em 2009 o exame sofreu mudança radical tendo em vista a entrada das universidades federais para o conjunto de IES que adotam o exame como prova de acesso aos cursos de graduação, em 2019 o exame evidencia, por meio das imagens e dos textos escolhidos, valores de uma ordem social que o governo eleito em 2018 prioriza e quer estabelecer. Exemplo disso está na questão 24, que é baseada no *Manifesto futurista*. A palavra futurista é retomada na questão 23 com fragmento do texto *O rei da vela*. Está também nas questões 10 e 38 que poderiam, a partir dos textos apresentados, provocar reflexão sobre o quanto as conquistas femininas ainda precisam avançar, mas fazem crescer a ideia de uma mulher que passa da tenacidade à brandura na questão 10 e a que ainda se sente envergonhada com a separação conjugal na questão 38.

Das questões analisadas, a de redação estimula a reflexão sobre cidadania ao tratar sobre a "Democratização do acesso ao cinema no Brasil". As demais questões são baseadas em textos que provocam pouco a reflexão sobre a cidadania e que não se constituem em textos provocadores, uma vez que deles não sairão dados para propostas de políticas públicas de educação.

5

ANÁLISE DE QUESTÕES ENADE

A gente quer valer o nosso amor
A gente quer valer nosso suor
A gente quer valer o nosso humor
A gente quer do bom e do melhor.
(Gonzaguinha)

Esta etapa da análise se volta para as provas do ENADE. Foi utilizada a parte da Formação Geral dos exames aplicados em 2010 e 2019 – anos em que a analogia com o ENEM é possível – trabalhando, em cada prova, quatro questões objetivas e duas discursivas.

Assim como na investigação das questões do ENEM, a exploração das questões concentrou-se nas seguintes categorias de análise: papel do raciocínio lógico, papel do conteúdo e papel da experiência da cidadania[10].

Dado que o ENADE não utiliza matriz cognitiva, para fazer o recorte das questões objetivas, optei por aquelas que poderiam ser resolvidas utilizando como recurso as habilidades cognitivas do participante, ou seja, questões em que um conjunto de informações necessárias à resolução estariam disponíveis no próprio suporte da questão, o que, por si, reduziria a um mínimo o peso do capital cultural do estudante. Portanto, retomei o modo como foi feita a análise das questões do ENEM.

A cada edição do ENADE, o INEP publica portarias[11] que estabelecem os temas das questões de Formação Geral do exame, bem como o perfil e as competências gerais que se espera do concluinte. Para fazer a análise de questões do ENADE, adotamos parte da Taxonomia de Bloom que, assim como a Matriz de Referência utilizada no ENEM, apresenta uma escala hierárquica de proficiência.

A Taxonomia de Bloom define objetivos educacionais a partir dos domínios cognitivo, afetivo e psicomotor. Classifica os domínios de aprendizagem, partindo de uma listagem das habilidades e dos processos envolvidos nas atividades educacionais, estabelecendo critérios avaliativos:

---

[10] Conforme Figura 1.

[11] Portaria Inep n.º 214 de 13 de julho de 2010 e Portaria Inep n.º 518 de 31 de maio de 2019.

A Taxonomia de Bloom do Domínio Cognitivo é estruturada em níveis de complexidade crescente – do mais simples ao mais complexo – e isso significa que, para adquirir uma nova habilidade pertencente ao próximo nível, o aluno deve ter dominado e adquirido a habilidade do nível anterior. (FERRAZ; BELHOT, 2010, p. 423-424).

Utilizamos o Domínio Cognitivo porque está relacionado ao aprender e a dominar um conhecimento e porque é compatível com a matriz de referência do ENEM, que também está relacionada ao aprender e indica habilidades que orientam a formulação dos itens da prova. Nesse domínio, os objetivos foram agrupados em seis categorias: conhecimento; compreensão; aplicação; análise; síntese e avaliação (BLOOM *et al.*, 1956 *apud* FERRAZ; BELHOT, 2010, p. 422). Apresentamos na Figura 46 a base para a classificação hierárquica dos objetivos de aprendizagem que ficou conhecido como Taxonomia de Bloom.

Figura 46 – Categorias do Domínio Cognitivo – Bloom *et al.* (1956)

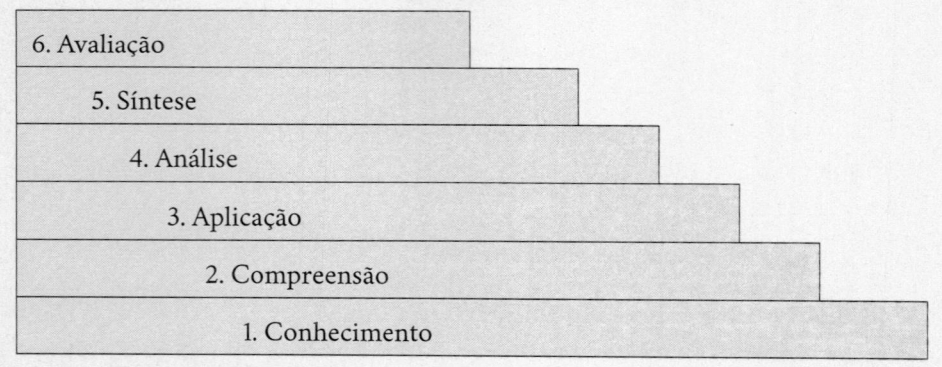

Fonte: Ferraz; Belhot (2010, p. 424)

Em 1999, Lori Anderson publicou um significativo trabalho de retrospectiva da utilização da taxonomia. No mesmo ano, um grupo de especialistas se encontrou para discutir e rever os pressupostos teóricos da Taxonomia de Bloom, já que novos conceitos, recursos e teorias haviam sido incorporados ao campo educacional (FERRAZ; BELHOT, 2010).

David Krathwohl, que participou, em 1956, do desenvolvimento da Taxonomia original, supervisionou em 2001 o grupo que também havia participado da elaboração do estudo inicial com o intuito de aprimorá-lo, levando em consideração as transformações no cenário educacional advindas, principalmente, das influências promovidas pela tecnologia. O novo modelo recebeu o nome de Taxonomia de Bloom Revisada (TBR) (ANDRADE; FREITAG, 2021, p. 181).

A base hierárquica da TBR é a da Figura 47.

Figura 47 – Categorias do Domínio Cognitivo Revisada – Anderson e Krathwohl (2001)

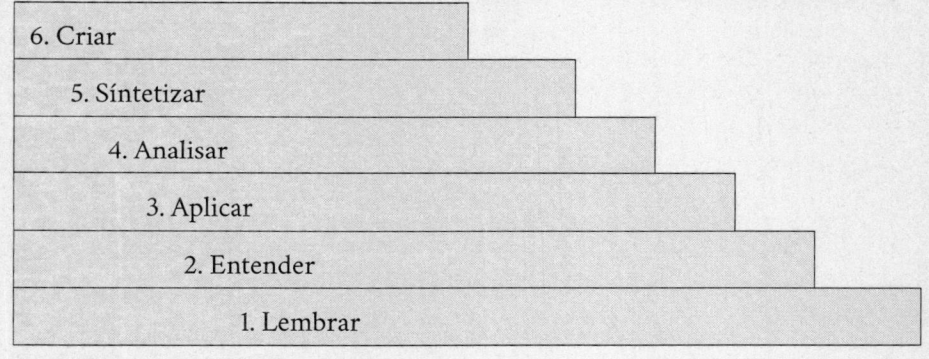

Fonte: Ferraz; Belhot (2010, p. 427)

A estrutura do processo cognitivo da TRB revisada está descrita no Quadro 1.

Quadro 1 – Estrutura do processo cognitivo na taxonomia de Bloom – revisada

1. Lembrar: Relacionado a reconhecer e reproduzir ideias e conteúdos. Reconhecer requer distinguir e selecionar uma determinada informação e reproduzir ou recordar está mais relacionado à busca por uma informação relevante memorizada. Representado pelos seguintes verbos no gerúndio: Reconhecendo e Reproduzindo.

2. Entender: Relacionado a estabelecer uma conexão entre o novo e o conhecimento previamente adquirido. A informação é entendida quando o aprendiz consegue reproduzi-la com suas "próprias palavras". Representado pelos seguintes verbos no gerúndio: Interpretando, Exemplificando, Classificando, Resumindo, Inferindo, Comparando e Explicando.

3. Aplicar: Relacionado a executar ou usar um procedimento numa situação específica e pode também abordar a aplicação de um conhecimento numa situação nova. Representado pelos seguintes verbos no gerúndio: Executando e Implementando.

4. Analisar: Relacionado a dividir a informação em partes relevantes e irrelevantes, importantes e menos importantes e entender a inter-relação existente entre as partes. Representado pelos seguintes verbos no gerúndio: Diferenciando, Organizando, Atribuindo e Concluindo.

5. Avaliar: Relacionado a realizar julgamentos baseados em critérios e padrões qualitativos e quantitativos ou de eficiência e eficácia. Representado pelos seguintes verbos no gerúndio: Checando e Criticando.

6. Criar: Significa colocar elementos junto com o objetivo de criar uma nova visão, uma nova solução, estrutura ou modelo utilizando conhecimentos e habilidades previamente adquiridos. Envolve o desenvolvimento de ideias novas e originais, produtos e métodos por meio da percepção da interdisciplinaridade e da interdependência de conceitos. Representado pelos seguintes verbos no gerúndio: Generalizando, Planejando e Produzindo.

Fonte: Ferraz; Belhot (2010, p. 429)

Com o objetivo de manter o paralelismo com a análise do ENEM, a análise de questões do ENADE foi dividida em dois blocos: questões discursivas e questões objetivas.

5.1 Questões discursivas – ENADE 2010

Figura 48 – Questão discursiva 9

QUESTÃO 9

As seguintes acepções dos termos democracia e ética foram extraídas do Dicionário Houaiss da Língua Portuguesa.

democracia. POL. 1 governo do povo; governo em que o povo exerce a soberania 2 sistema político cujas ações atendem aos interesses populares 3 governo no qual o povo toma as decisões importantes a respeito das políticas públicas, não de forma ocasional ou circunstancial, mas segundo princípios permanentes de legalidade 4 sistema político comprometido com a igualdade ou com a distribuição equitativa de poder entre todos os cidadãos 5 governo que acata a vontade da maioria da população, embora respeitando os direitos e a livre expressão das minorias

ética. 1 parte da filosofia responsável pela investigação dos princípios que motivam, distorcem, disciplinam ou orientam o comportamento humano, refletindo esp. a respeito da essência das normas, valores, prescrições e exortações presentes em qualquer realidade social 2 *p.ext.* conjunto de regras e preceitos de ordem valorativa e moral de um indivíduo, de um grupo social ou de uma sociedade

Dicionário Houaiss da Língua Portuguesa. Rio de Janeiro: Objetiva, 2001.

Considerando as acepções acima, elabore um texto dissertativo, com até 15 linhas, acerca do seguinte tema:

Comportamento ético nas sociedades democráticas.

Em seu texto, aborde os seguintes aspectos:

a) conceito de sociedade democrática; (valor: 4,0 pontos)

b) evidências de um comportamento não ético de um indivíduo; (valor: 3,0 pontos)

c) exemplo de um comportamento ético de um futuro profissional comprometido com a cidadania. (valor: 3,0 pontos)

Fonte: questão 8 - Discursiva – Formação geral - ENADE 2010

A questão 9 aborda do tema *XII - democracia e cidadania* e solicita que o estudante produza um texto dissertativo sobre o "Comportamento ético nas sociedades democráticas". Para tanto, apresenta dois verbetes do Dicionário Houaiss da Língua Portuguesa: democracia e ética.

Democracia e ética, que na questão aparecem "em estado de dicionário"[12], são temas amplamente discutidos na sociedade. São palavras que, embora possam até parecer "fatigadas de informar"[13], suscitam debate e muita reflexão para que avancemos rumo a uma sociedade mais justa e mais equânime. Ou seja, o suporte ajuda o participante a refletir sobre o papel da cidadania para alcançar uma sociedade democrática, com indivíduos que tenham comportamento ético.

O comando solicita que o estudante produza seu texto, abordando três aspectos sobre o tema pedido, que serão avaliados de forma ponderada, correspondendo, respectivamente, a: (a) 4,0; (b) 3,0 e (c) 3,0. Cada um deles testa uma habilidade cognitiva específica da TRB: no item *a*, lembrar; no *b*, avaliar e no item *c*, criar.

A maior pontuação recai sobre o aspecto (a) que é o de menor complexidade da TRB, uma vez que, mesmo que o estudante não soubesse o conceito de sociedade democrática, ele poderia elaborar o conceito a partir do verbete do Dicionário Houaiss, apresentado no suporte da questão. Os aspectos (b) e (c) fazem parte das habilidades mais complexas da TRB. Entretanto, para elaborar o que se pede neles, o estudante também poderia lançar mão dos verbetes do Houaiss. Ainda assim, a habilidade *criar*, que se situa no nível 6 de complexidade, está ponderada igualmente à habilidade *avaliar*, de nível de complexidade 5.

Isso demonstra que, embora a questão envolva a testagem de uma habilidade cognitiva de nível mais complexo, bastava o domínio de níveis mais simples para que o estudante alcançasse 7 dos 10 pontos destinados à questão.

---

[12]   Referência ao poema *Procura da poesia*, de Carlos Drummond de Andrade.

[13]   Referência ao poema *O apanhador de desperdícios*, de Manoel de Barros.

Figura 49 – Questão discursiva 10

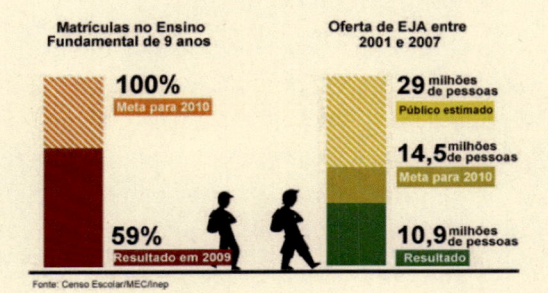

QUESTÃO 10

Para a versão atual do Plano Nacional de Educação (PNE), em vigor desde 2001 e com encerramento previsto para 2010, a esmagadora maioria dos municípios e estados não aprovou uma legislação que garantisse recursos para cumprir suas metas. A seguir, apresentam-se alguns indicativos do PNE 2001.

Matrículas no Ensino Fundamental de 9 anos

100% Meta para 2010

59% Resultado em 2009

Oferta de EJA entre 2001 e 2007

29 milhões de pessoas — Público estimado

14,5 milhões de pessoas — Meta para 2010

10,9 milhões de pessoas — Resultado

Fonte: Censo Escolar/MEC/Inep

Entre 2001 e 2007, 10,9 milhões de pessoas fizeram parte de turmas de Educação de Jovens e Adultos (EJA). Parece muito, mas representa apenas um terço dos mais de 29 milhões de pessoas que não chegaram à 4ª série e seriam o público-alvo dessa faixa de ensino. A inclusão da EJA no Fundo de Manutenção e Desenvolvimento da Educação Básica e de Valorização dos Profissionais da Educação (FUNDEB) representou uma fonte de recursos para ampliar a oferta, mas não atacou a evasão, hoje em alarmantes 43%.

Disponível em: <http://revistaescola.abril.com.br/politicas-publicas>. Acesso em: 31 ago. 2010 (com adaptações).

Com base nos dados do texto acima e tendo em vista que novas diretrizes darão origem ao PNE de 2011 – documento que organiza prioridades e propõe metas a serem alcançadas nos dez anos seguintes –, redija um único texto argumentativo em, no máximo, 15 linhas, acerca da seguinte assertiva:

O desafio, hoje, não é só matricular, mas manter os alunos da Educação de Jovens e Adultos na escola, diminuindo a repetência e o abandono.

Em seu texto, contemple os seguintes aspectos:

a) a associação entre escola e trabalho na vida dos estudantes da EJA; (valor: 5,0 pontos)

b) uma proposta de ação que garanta a qualidade do ensino e da aprendizagem e diminua a repetência e a evasão. (valor: 5,0 pontos)

Fonte: questão 10 - Discursiva – Formação geral - ENADE 2010

A questão 10 aborda o tema *VI - políticas públicas: educação, habitação, saneamento, saúde, segurança, defesa, desenvolvimento sustentável.*

O suporte é um excerto adaptado de matéria publicada na revista *Escola,* que contextualiza brevemente o Plano Nacional de Educação (PNE), com foco na EJA. Do trecho fazem parte, sob a forma de gráfico, dados de matrícula e oferta de vagas do Ensino Fundamental de nove anos e a da EJA entre 2001 e 2007 e pequeno texto com informações sobre o número de vagas e o número de pessoas que fizeram parte das turmas da EJA e do problema da evasão nessa modalidade de ensino.

A expectativa da questão era que o estudante produzisse um texto argumentativo sobre como evitar a repetência e o abandono dos alunos matriculados na EJA, contemplando dois aspectos: (a) "a associação entre escola e trabalho na vida dos estudantes da EJA" e (b) "uma proposta de ação que garanta a qualidade do ensino e aprendizagem e diminua a repetência e a evasão", conforme o comando da questão.

As habilidades da TRB testadas nos itens são: lembrar no item *a* e criar no *b*. Há ambos é atribuída a mesma pontuação (5,0), fazendo com a habilidade *criar*, que se situa no nível 6 de complexidade, esteja ponderada igualmente à habilidade *lembrar*, de nível de complexidade 1. Apesar disso, a questão é de complexidade mais avançada, uma vez que o texto argumentativo supõe a elaboração de uma tese e o comando da questão requer que o estudante apresente (crie) uma proposta de ação para a situação-problema apresentada.

Para produzir o texto solicitado na questão, o estudante precisaria ter conhecimento prévio sobre a EJA e seu papel de inclusão para aqueles que não conseguiram concluir a educação básica, mesmo que fora da idade considerada adequada. O que é esperado de quem está concluindo a graduação.

A proposta da questão favorece a reflexão sobre cidadania, uma vez que a educação é condição indispensável para que a pessoa exerça seus direitos e deveres como cidadão. Além disso, o texto trata de um grupo específico de alunos: os que são matriculados na EJA e que nessa modalidade podem concluir a escolaridade básica.

A cidadania negada de berço a um grupo que por diversos motivos, entre eles a necessidade de trabalhar desde muito cedo, não consegue se matricular ou se manter na educação básica regular, poderia ser permitida se os jovens e adultos não encontrassem tantas barreiras para concluir a EJA.

5.2 Questões objetivas – ENADE 2010

Figura 50 – Questão objetiva 1

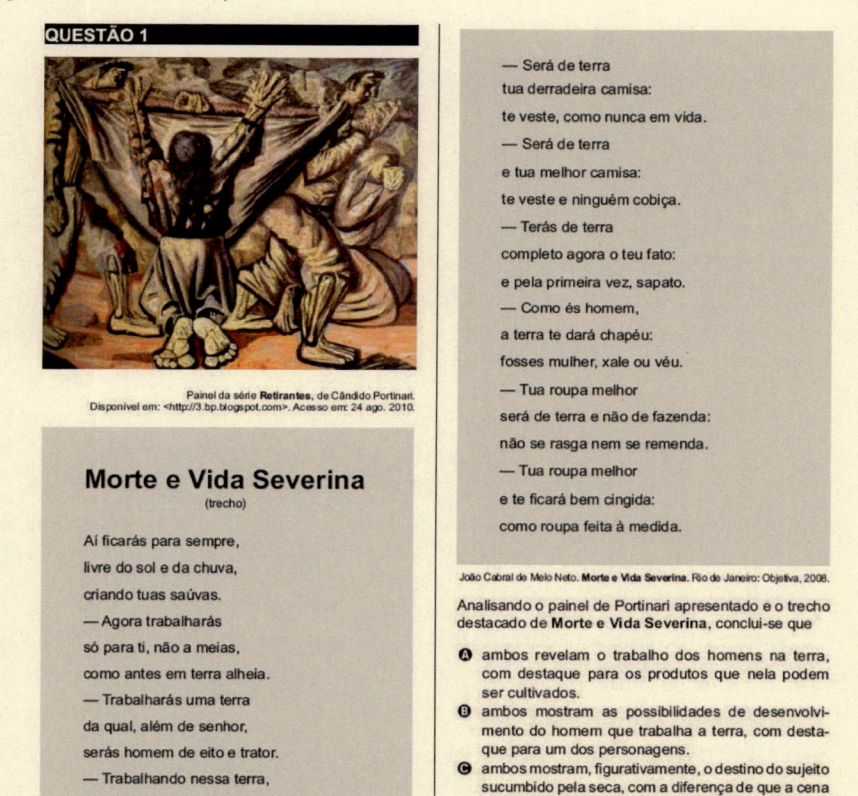

Fonte: questão 1 - Objetiva – Formação geral - ENADE 2010

A questão 1 parte de um quadro e de um poema para abordar o tema *III - arte, cultura e filosofia.*

A relação temática entre o painel da série *Retirantes,* de Cândido Portinari, e o excerto de *Morte e Vida Severina* é o funeral de um nordestino pobre. O participante teria de analisar cada um, identificar suas particularidades e compará-los. Tal comparação pode conduzir a inúmeras conclusões, de modo que caberia ao estudante verificar, dentre as alternativas, a que apresenta uma conclusão possível, pertinente. Trata-se, em essência, de uma questão de falso/verdadeiro, que pretende verificar que aspectos podem ser atribuídos a cada texto e a ambos.

O texto cabralino não apresenta a palavra retirante, mas, ao comparar o painel com o quadro, o estudante pode inferir que tanto Portinari quanto João Cabral tratam de retirantes, os que sempre estão se movendo em busca de terra, trabalho e lar.

Nessa busca, tanto o retirante de Portinari quanto o de João Cabral depararam-se com a morte, na terra em que ambos ficarão para sempre. Chegaria à alternativa correta o estudante que entendesse a palavra "figurativamente" (alternativa C) como representação que os autores fazem sobre algo da realidade.

No plano da cidadania, a questão contribui para a reflexão sobre a importância de políticas públicas voltadas para o assentamento de trabalhadores que não têm terra para plantar, produzir e morar. No plano do raciocínio lógico, a única alternativa possível é a letra C, pois as alternativas A e B sugerem cultivo da terra e as letras D e E falam de esperança e otimismo, respectivamente.

A questão 1 testa as habilidades *analisar*, nível 4, e *avaliar*, nível 5, da TRB. O comando da questão pede que o estudante analise o painel e o texto da questão para avaliar qual a única alternativa que é verdadeira.

Para a questão 1, o gabarito indica como correta a alternativa C.

Figura 51 – Questão objetiva 2

Dom Walmor Oliveira de Azevedo. Disponível em:<http://etica-bioetica.zip.net>. Acesso em: 30 ago. 2010.

A charge acima representa um grupo de cidadãos pensando e agindo de modo diferenciado, frente a uma decisão cujo caminho exige um percurso ético. Considerando a imagem e as ideias que ela transmite, avalie as afirmativas que se seguem.

I. A ética não se impõe imperativamente nem universalmente a cada cidadão; cada um terá que escolher por si mesmo os seus valores e ideias, isto é, praticar a autoética.

II. A ética política supõe o sujeito responsável por suas ações e pelo seu modo de agir na sociedade.

III. A ética pode se reduzir ao político, do mesmo modo que o político pode se reduzir à ética, em um processo a serviço do sujeito responsável.

IV. A ética prescinde de condições históricas e sociais, pois é no homem que se situa a decisão ética, quando ele escolhe os seus valores e as suas finalidades.

V. A ética se dá de fora para dentro, como compreensão do mundo, na perspectiva do fortalecimento dos valores pessoais.

É correto apenas o que se afirma em

Ⓐ I e II.
Ⓑ I e V.
Ⓒ II e IV.
Ⓓ III e IV.
Ⓔ III e V.

Fonte: questão 2 - Objetiva – Formação geral - ENADE 2010

Para tratar sobre tema *XII - democracia e cidadania*, o suporte da questão 2 apresenta e faz breve análise de charge sobre ética. A partir disso, são feitas cinco afirmativas sobre a situação-problema apresentada, para que o participante, conforme solicitado no comando, identifique a(s) correta(s). O estudante teve de *avaliar* (complexidade 5 da TRB) entre as afirmações quais são verdadeiras e quais são falsas.

A ética é um tema diretamente ligado ao exercício da cidadania, portanto a questão provoca a reflexão sobre a importância de seguir um percurso ético frente às decisões que precisamos tomar no cotidiano e a breve análise sobre a charge favorece a elaboração do raciocínio lógico.

Das cinco, apenas as afirmações I e II estão corretas. A afirmação III não é correta, pois a ética não trata apenas ao campo político e a política não se reduz à ética. A ética não pode prescindir das condições históricas e sociais, por isso a afirmação IV não está correta. A afirmação V não está correta, pois a ética supõe autonomia; logo, não se impõe de fora para dentro. Chegaria à alternativa correta o participante que fizesse leitura e análise atenta do suporte da questão e que dominasse o conceito de ética, como se espera de um estudante que está concluindo a graduação.

Para a questão 2, o gabarito indica como correta a alternativa A.

Figura 52 – Questão objetiva 4

QUESTÃO 4

Conquistar um diploma de curso superior não garante às mulheres a equiparação salarial com os homens, como mostra o estudo "Mulher no mercado de trabalho: perguntas e respostas", divulgado pelo Instituto Brasileiro de Geografia e Estatística (IBGE), nesta segunda-feira, quando se comemora o Dia Internacional da Mulher.

Segundo o trabalho, embasado na Pesquisa Mensal de Emprego de 2009, nos diversos grupamentos de atividade econômica, a escolaridade de nível superior não aproxima os rendimentos recebidos por homens e mulheres. Pelo contrário, a diferença acentua-se. No caso do comércio, por exemplo, a diferença de rendimento para profissionais com escolaridade de onze anos ou mais de estudo é de R$ 616,80 a mais para os homens. Quando a comparação é feita para o nível superior, a diferença é de R$ 1.653,70 para eles.

Disponível em: <http://oglobo.globo.com/economia/boachance/mat/2010/03/08>. Acesso em: 19 out. 2010 (com adaptações).

Considerando o tema abordado acima, analise as afirmações seguintes.

I. Quanto maior o nível de análise dos indicadores de gêneros, maior será a possibilidade de identificação da realidade vivida pelas mulheres no mundo do trabalho e da busca por uma política igualitária capaz de superar os desafios das representações de gênero.

II. Conhecer direitos e deveres, no local de trabalho e na vida cotidiana, é suficiente para garantir a alteração dos padrões de inserção das mulheres no mercado de trabalho.

III. No Brasil, a desigualdade social das minorias étnicas, de gênero e de idade não está apenas circunscrita pelas relações econômicas, mas abrange fatores de caráter histórico-cultural.

IV. Desde a aprovação da Constituição de 1988, tem havido incremento dos movimentos gerados no âmbito da sociedade para diminuir ou minimizar a violência e o preconceito contra a mulher, a criança, o idoso e o negro.

É correto apenas o que se afirma em

Ⓐ I e II.
Ⓑ II e IV.
Ⓒ III e IV.
Ⓓ I, II e III.
Ⓔ I, III e IV.

Fonte: questão 4 - Objetiva – Formação geral - ENADE 2010

O texto jornalístico que introduz a questão apresenta dados que se referem aos salários de homens e mulheres, indicando que o delas é menor do que o deles, independentemente do nível de escolaridade que apresentem.

A questão 4 parte de uma situação-problema: a diferença salarial entre mulheres e homens. Apresenta quatro afirmações, para que o participante identifique as corretas. Mais uma vez, trata-se de uma questão de falso ou verdadeiro que testa a habilidade *avaliar* (complexidade 5) da TRB.

Os temas *IX - exclusão de minorias* e *X – relações de gênero*, importantes para refletir sobre o exercício da cidadania, são abordados na questão que apresenta no texto introdutório a desigualdade de gênero e que inclui nas afirmativas outras desigualdades: o preconceito contra crianças, idosos e negros.

Trata-se de questão complexa, pois para chegar à alternativa correta, o participante teria que, a partir da leitura do texto introdutório e das afirmativas, inferir que o texto trata de uma desigualdade, mas que outras desigualdades são apresentadas nas afirmativas, fazendo com que a questão tratasse da exclusão de minorias de forma ampla.

Das quatro afirmativas apresentadas, apenas a II é evidentemente errada, pois faz referência à falta de conhecimento das mulheres sobre seus direitos e deveres, afirmação contrária à que está posta no texto da questão.

Para a questão 4, o gabarito indica como correta a alternativa E.

Figura 53 – Questão objetiva 7

Para preservar a língua, é preciso o cuidado de falar de acordo com a norma padrão. Uma dica para o bom desempenho linguístico é seguir o modelo de escrita dos clássicos. Isso não significa negar o papel da gramática normativa; trata-se apenas de ilustrar o modelo dado por ela. A escola é um lugar privilegiado de limpeza dos vícios de fala, pois oferece inúmeros recursos para o domínio da norma padrão e consequente distância da não padrão. Esse domínio é o que levará o sujeito a desempenhar competentemente as práticas sociais; trata-se do legado mais importante da humanidade.

PORQUE

A linguagem dá ao homem uma possibilidade de criar mundos, de criar realidades, de evocar realidades não presentes. E a língua é uma forma particular dessa faculdade [a linguagem] de criar mundos. A língua, nesse sentido, é a concretização de uma experiência histórica. Ela está radicalmente presa à sociedade.

XAVIER, A. C. & CORTEZ, S. (orgs.). **Conversas com Linguistas: virtudes e controvérsias da Linguística.** Rio de Janeiro: Parábola Editorial, p.72-73, 2005 (com adaptações).

Analisando a relação proposta entre as duas asserções acima, assinale a opção correta.

Ⓐ As duas asserções são proposições verdadeiras, e a segunda é uma justificativa correta da primeira.

Ⓑ As duas asserções são proposições verdadeiras, mas a segunda não é uma justificativa correta da primeira.

Ⓒ A primeira asserção é uma proposição verdadeira, e a segunda é uma proposição falsa.

Ⓓ A primeira asserção é uma proposição falsa, e a segunda é uma proposição verdadeira.

Ⓔ As duas asserções são proposições falsas.

Fonte: questão 7 - Objetiva – Formação geral - ENADE 2010

Dois fragmentos de textos sobre língua/linguagem iniciam a questão 7. Os fragmentos estão ligados por um "porque", o que caracteriza uma questão de asserção e razão.

O primeiro fragmento prende-se a uma visão purista da língua, considerada ultrapassada por alguns linguistas, mas bastante encontrada entre estudiosos do idioma. Mesmo para quem preconiza a superioridade da variedade sobre todas as demais, nesse fragmento há erros de concepção, pois uma língua não é um legado que se deixa para a humanidade.

O segundo fragmento fundamenta-se numa visão sócio-histórica que considera a língua/linguagem como um produto histórico.

São duas visões sobre um mesmo tópico que não se comunicam, uma vez que são antagônicas. Por isso, não é possível combiná-las em uma relação causal/explicativa.

As alternativas C, D e E desviam-se do nexo estabelecido pelo "porque". As alternativas A e B não são corretas.

A questão que trata do tema *III - arte, cultura e filosofia* é interessante e poderia favorecer a reflexão sobre língua e cidadania, porém a abordagem foi limitada e apresenta uma alternativa (D) como correta que é questionável, pois limitou-se ao julgamento falso ou verdadeiro. Uma asserção não elimina a outra.

No plano da TRB, a questão testa as habilidades analisar (complexidade 4) e avaliar (complexidade 5). Analisar está no comando da questão, pois é solicitado que o estudante analise a relação entre as duas asserções, para depois assinalar a correta. Ou seja, estudante teria que avaliar qual seria a única verdadeira.

Para a questão 7, o gabarito indica como correta a alternativa D.

5.3 Questões discursivas – ENADE 2019

Figura 54 – Questão discursiva 01

QUESTÃO DISCURSIVA 01

Conforme levantamento patrocinado pelo Ministério da Integração Nacional, o Brasil sofreu mais de 30 mil desastres naturais entre 1990 e 2012, o que confere a média de 1 363 eventos por ano. O Atlas Brasileiro de Desastres Naturais de 2013 mostra que, entre 1991 e 2012, foram registradas 31 909 catástrofes no país, sendo que 73% ocorreram na última década. O banco de dados do histórico dos desastres brasileiros associados a fenômenos naturais indica que estiagens, secas, inundações bruscas e alagamentos são as tipologias mais recorrentes do país.

LICCO, E.; DOWELL, S. Alagamentos, enchentes, enxurradas e inundações: digressões sobre seus impactos sócio econômicos e governança. **Revista de Iniciação Científica, Tecnológica e Artística.** Edição Temática em Sustentabilidade, v. 5, n. 3, São Paulo: Centro Universitário Senac, 2015 (adaptado).

De acordo com o relatório do Escritório das Nações Unidas para a Redução do Risco de Desastres de 2014, a necessidade de minimizar os riscos e os impactos de futuros desastres naturais é algo fundamental para as comunidades em todo o mundo. Reduzir os níveis existentes de riscos que favorecem os desastres, fortalecendo a resiliência social, ambiental e econômica é uma das soluções encontradas para que as cidades consigam conviver com esses fenômenos naturais.

RIBEIRO, J.; VIEIRA, R.; TÔMIO, D. **Análise da percepção do risco de desastres naturais por meio da expressão gráfica de estudantes do Projeto Defesa Civil na Escola.** UFPR, Desenvolvimento e Meio Ambiente, v. 42, dezembro 2017 (adaptado).

A partir da análise dos textos, apresente duas propostas de intervenção no âmbito da sustentabilidade socioambiental, de modo a contemplar ações de restauração ou recuperação após a ocorrência de desastres. (valor: 10,0 pontos)

Fonte: questão 1 - Discursiva – Formação geral - ENADE 2019

A questão se organiza em torno do tema desastres ambientais naturais. Apresenta dois fragmentos de textos acadêmicos que tratam do tema. O primeiro aponta dados relativos aos desastres naturais ocorridos no Brasil entre 1990 e 2012. O segundo cita o relatório da ONU para alertar sobre a "necessidade de minimizar os riscos e os impactos de futuros desastres naturais".

As discussões sobre o ambiente e sua preservação estão na ordem do dia. O assunto é amplamente discutido no meio acadêmico, na imprensa e nas conversas mais triviais do cotidiano. A questão, que trata do tema *VIII - meio ambiente, sustentabilidade e intervenção humana,* solicita que o participante produza um texto, abordando a relação dos problemas sociais com os ambientais.

O comando da questão solicitou que o estudante apresentasse duas propostas de intervenção que contemplem a restauração e recuperação do ambiente após a ocorrência de desastres. As propostas de intervenção devem levar em conta a sustentabilidade socioambiental. Trata-se de questão que avalia as habilidades analisar (complexidade 4) e criar (complexidade 6) da TBR, uma vez que o estudante deveria além de analisar os textos, conforme orienta o comando, apresentar duas propostas de intervenção. As propostas de intervenção estão no campo do criar, uma vez que propõem soluções para um problema.

Apesar de a questão não trazer a informação sobre qual modo de organização discursiva o texto deveria ser produzido, o participante poderia optar pelo texto argumentativo porque teria de apresentar propostas de intervenção, mas outras formas de organização discursivas poderiam ser utilizadas.

O tema favorece a reflexão sobre cidadania, pois todos sofremos o reflexo dos problemas socioambientais. Apresentar projetos de intervenção para o tema abordado na questão é exercício de cidadania.

Figura 55 – Questão discursiva 2

QUESTÃO DISCURSIVA 02

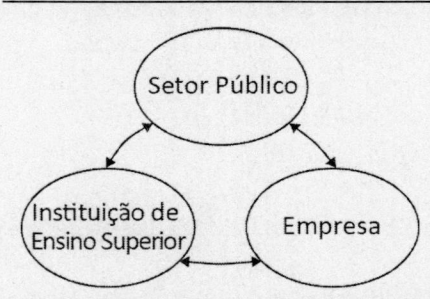

O Brasil está longe de ser um país atrasado do ponto de vista científico e tecnológico. O país está em posição intermediária em praticamente todos os indicadores de produção e utilização de conhecimento e de novas tecnologias. Em alguns indicadores, a situação do país é melhor até do que em alguns países europeus como Portugal ou Espanha e, de modo geral, estamos à frente de todos os demais países latino-americanos. Talvez nosso pior desempenho esteja nos depósitos de patentes, seja no Brasil ou no exterior.

Disponível em: <http://www.ipea.gov.br/portal/index.php?option=com_content&view=article&id=33511&Itemid=433>
Acesso em: 01 out. 2019 (adaptado).

A partir das informações apresentadas, faça o que se pede nos itens a seguir.

a) Cite dois ganhos possíveis para o campo científico do país, resultantes de uma boa articulação entre os entes representados na figura. (valor: 5,0 pontos)

b) Cite dois ganhos possíveis para o campo econômico do país, resultantes de uma boa articulação entre os entes representados na figura. (valor: 5,0 pontos)

Fonte: questão 2 - Discursiva – Formação geral - ENADE 2019

O desenvolvimento científico e tecnológico é o tema da questão 2. Uma imagem que estabelece ligação entre a Instituição de Ensino superior, o Setor Público, e a Empresa e o fragmento de um texto (adaptado) publicado no site do Instituto de Pesquisa Econômica Aplicada (IPEA) apresentam o tema V - ciência, tecnologia e inovação dessa questão discursiva.

A partir da leitura e análise do suporte da questão, o estudante poderia inferir que produzimos ciência e tecnologia, mas não patenteamos essa produção e que a articulação entre os entes representados na figura precisa avançar, para que a ciência e a tecnologia produzida no Brasil tenham divulgação.

O comando da questão solicita que o estudante cite dois ganhos para o campo científico (a) e dois para o campo econômico (b) que sejam resultantes de boa articulação entre os entes citados na figura. A cada item é atribuída a nota 5,0 e os dois apresentam o mesmo nível de complexidade conforme as habilidades da TRB: *aplicar* (complexidade 3). Não seria necessário o estudante apresentar justificativa ou argumentação, pois o comando pede apenas para citar. Entretanto, teria mais chances de citar os exemplos pedidos na questão, o estudante que conhecesse como cada ente apresentado na figura pode contribuir para avanços científicos e econômicos no país, uma vez que o texto-base da questão não faz menção a como cada ente pode exercer seu papel para encaminhar soluções para situação-problema apresentada na questão.

5.4 Questões objetivas – ENADE 2019

Figura 56 – Questão objetiva 2

QUESTÃO 02

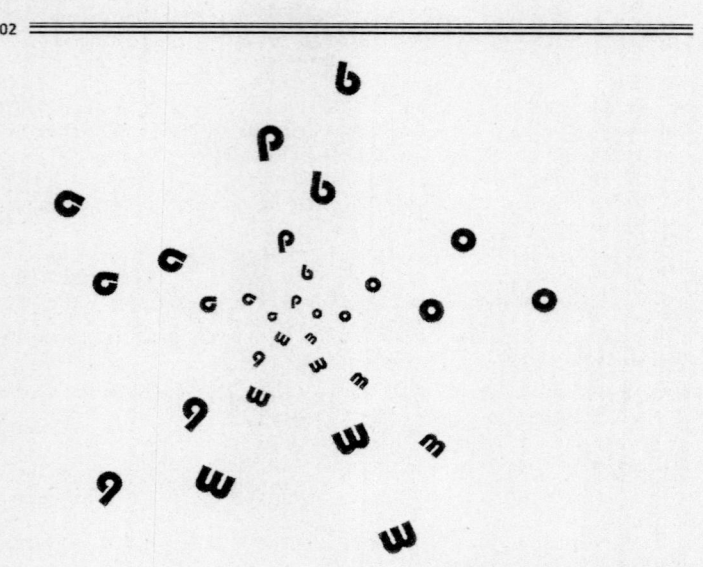

CAMPOS, A. Despoesia. São Paulo: Perspectiva, 1994 (adaptado).

Augusto de Campos é um artista concretista brasileiro cuja poética estabelece a relação de diálogo entre o aspecto visual, sonoro e tátil do texto verbal.

Com base no poema apresentado, avalie as afirmações a seguir.

I.   O aspecto sensorial é construído por meio da exploração da dimensão visual das palavras, sendo a imagem um elemento essencial do texto.

II. O artista utiliza técnicas de diagramação, harmonizando os componentes gráficos e espaciais, que se transformam em elementos de construção de sentidos diversos.

III. A impressão de movimento caótico cria o efeito de uma espécie de *big-bang* que atua sobre ambas as palavras: poema e bomba.

IV. A utilização do espaço é secundária para a construção de sentidos da obra, já que a palavra escrita, nesse caso, é suficiente para a leitura do poema.

É correto o que se afirma em

Ⓐ I, apenas.

Ⓑ II e IV, apenas.

Ⓒ III e IV, apenas.

Ⓓ I, II e III, apenas.

Ⓔ I, II, III e IV.

AGRONOMIA   5

Fonte: questão 2 - Objetiva – Formação geral - ENADE 2019

O texto da questão 2 – que trata do tema *IV cultura, arte e comunicação* – é *Poema Bomba*, de Augusto de Campos. Para responder ao que o comando solicita, o estudante deveria ler e analisar o poema concreto. O enunciado informa que a poética do concretista brasileiro: "estabelece a relação de diálogo entre o aspecto visual, sonoro e tátil do texto verbal", características da poesia concreta.

Trata-se de questão de verdadeiro ou falso, na qual o estudante deveria identificar as afirmações verdadeiras, após a leitura e análise do poema apresentado.

Conforme o comando, trata-se de questão que testa a habilidade avaliar (complexidade 5) da TRB.

Augusto de Campos utiliza-se das palavras "poema" e "bomba" para simular uma explosão em seu texto concretista. Chegaria à alternativa correta o estudante que reconhecesse no enunciado as características do poema concreto que são retomadas nas afirmativas I, II e a interpretação do poema, que está na afirmativa III.

A questão favorece a elaboração do raciocínio lógico, pois, nas alternativas, desenvolvem-se as características do concretismo que foram apresentadas no enunciado e apresenta-se uma interpretação para *Poema e Bomba*. Apesar disso, faltou o título do poema na questão.

Para a questão 2, o gabarito indica como correta a alternativa D.

Figura 57 – Questão objetiva 3

QUESTÃO 03

Na história das civilizações humanas, a agricultura esteve relacionada à origem de um fenômeno que se tornaria o marco da economia alimentar: o aumento demográfico. Entretanto, apesar de toda a força civilizatória da agricultura, muitos povos tornaram-se vulneráveis por falta de alimentos.

Mesmo com o aumento do volume de alimentos, o número de indivíduos subnutridos é grande, como demonstrado pelos dados estatísticos da Organização das Nações Unidas para a Agricultura e Alimentação (FAO). A análise dos dados revela que, até 2014, a quantidade de pessoas desnutridas no mundo estava diminuindo, porém, entre 2015 e 2017, esse número aumenta.

LIMA, J. S. G. Segurança alimentar e nutricional: sistemas agroecológicos são a mudança que a intensificação ecológica não alcança. **Ciência e Cultura**, v. 69, n. 2, 2017 (adaptado).

Considerando a segurança alimentar e a nutrição no mundo, avalie as afirmações a seguir.

I. O conceito de segurança alimentar e nutricional admite que a fome e a desnutrição são problemas de oferta adequada e garantia de alimentos saudáveis, respeitando-se a diversidade cultural e a sustentabilidade socioeconômica e ambiental.

II. A segurança alimentar e nutricional compreende a produção e a disponibilidade de alimentos, bem como o acesso à alimentação adequada e saudável.

III. A escassez da oferta de alimentos nas últimas décadas decorre da falta de processos de produção e disseminação tecnológica que garantam a produção no campo frente às mudanças climáticas.

É correto o que se afirma em

Ⓐ I, apenas.

Ⓑ III, apenas.

Ⓒ I e II, apenas.

Ⓓ II e III, apenas.

Ⓔ I, II e III.

Área livre

Fonte: questão 3 - Objetiva – Formação geral - ENADE 2019

A questão 3 aborda o tema *VII - segurança alimentar e nutricional,* por meio de um excerto de artigo publicado na revista *Ciência e Cultura*.

Conforme o texto, apesar de toda força civilizatória, a agricultura não conseguiu atender à demanda do aumento demográfico, fazendo com que alguns povos ficassem vulneráveis pela falta de alimentos, de modo que, mesmo com o aumento do volume de produção de alimentos, ainda há grande número de subnutridos.

Para chegar à alternativa correta, o estudante teria de ler e analisar o texto da questão para identificar entre as três afirmativas apresentadas quais eram verdadeiras, ou seja, trata-se, mais uma vez, de uma questão de falso ou verdadeiro e que conforme o comando, testa a habilidade *avaliar* (complexidade 5) da TRB.

Das afirmações, apenas a III é falsa, uma vez que, no texto, é informado o inverso do que se diz na afirmativa III.

A questão favorece a reflexão sobre cidadania, pois a segurança alimentar e nutricional é condição imperativa para que a cidadania seja exercida.

Para a questão 3, o gabarito indica como correta a alternativa C.

Figura 58 – Questão objetiva 4

QUESTÃO 04 ═══════════════════════════════

Segundo resultados da última Pesquisa Nacional de Saneamento Básico (PNSB) de 2008, a quase totalidade dos municípios brasileiros tinha serviço de abastecimento de água em pelo menos um distrito (99,4%). Além da existência da rede, uma das formas de se avaliar a eficiência do serviço de abastecimento de água à população é examinar o volume diário *per capita* da água distribuída por rede geral. No ano de 2008, foram distribuídos diariamente, no conjunto do país, 320 litros *per capita*, média que variou bastante entre as regiões. Na Região Sudeste, o volume distribuído alcançou 450 litros *per capita*, enquanto na Região Nordeste ele não chegou à metade desta marca, apresentando uma média de 210 litros *per capita*. Embora o volume total tenha aumentado em todas as regiões do país, comparando-se com os números apresentados pela PNSB de 2000, as diferenças regionais permaneceram praticamente inalteradas.

Disponível em: <https://biblioteca.ibge.gov.br/index.php/biblioteca-catalogo?view=detalhes&id=280933>
Acesso em: 01 out. 2019 (adaptado).

Com base nas informações apresentadas, avalie as asserções a seguir e a relação proposta entre elas.

I. Em algumas regiões do Brasil, os índices referidos estão abaixo da média nacional, indicando diferenças de acesso de qualidade a abastecimento de água que podem impactar a saúde pública.

PORQUE

II. O aumento da eficiência da política pública de abastecimento de água no Brasil contribui para o desenvolvimento nacional, para a redução dos desequilíbrios regionais e para a promoção da inclusão social.

A respeito dessas asserções, assinale a opção correta.

Ⓐ As asserções I e II são verdadeiras, e a II é uma justificativa correta da I.

Ⓑ As asserções I e II são verdadeiras, mas a II não é uma justificativa correta da I.

Ⓒ A asserção I é uma proposição verdadeira e a II é uma proposição falsa.

Ⓓ A asserção I é uma proposição falsa e a II é uma proposição verdadeira.

Ⓔ As asserções I e II são falsas.

Fonte: questão 4 - Objetiva – Formação geral - ENADE 2019

O abastecimento de água no Brasil é o tópico da questão 4, tópico que foi abordado por meio do fragmento de texto retirado do site da biblioteca do IBGE e apresenta pesquisa feita em 2008. É uma questão de asserção e razão sobre o tema *IX - cidades, habitação e qualidade de vida*.

São apresentadas duas proposições ligadas pela palavra porque: a primeira afirma que a diferença no abastecimento de água nas regiões brasileiras gera impacto na saúde pública; a segunda diz que o aumento na eficiência no abastecimento de água no país contribui para o desenvolvimento nacional e para inclusão social. Ambas as asserções estão corretas, mas a II não justifica a I. Por isso, a única resposta possível é a alternativa B.

Para chegar à alternativa correta, o participante deveria ler e analisar o texto apresentado na questão e ter conhecimento dos impactos que podem ser causados pelo abastecimento desigual de água no país. Trata-se mais uma vez de questão de verdadeiro e falso que testa a habilidade *avaliar* (complexidade 5) da TRB, conforme pedido no comando.

A questão favorece a reflexão sobre cidadania, pois sem abastecimento de água de qualidade, não é possível argumentar sobre qualidade de vida.

Para a questão 4, o gabarito indica como correta a alternativa B.

Figura 59 – Questão objetiva 7

QUESTÃO 07

Disponível em: <https://publications.iadb.org/en/publication/16231/guia-operacional-de-acessibilidade-para-projetos-em-desenvolvimento-urbano-com>. Acesso em: 11 set. 2019 (adaptado).

O princípio da acessibilidade dispõe que na construção de espaços, na formatação de produtos e no planejamento de serviços deve-se considerar que as pessoas com deficiência (PCD) são usuárias legítimas, dignas e independentes. Nenhum serviço pode ser concedido, permitido, autorizado ou delegado sem acessibilidade plena, para não obstaculizar o exercício pleno dos direitos pelas pessoas com deficiência. A acessibilidade é um direito de todos os cidadãos e, por isso, não se limita a propiciar a inclusão de pessoas com deficiência, mas também de pessoas com mobilidade reduzida, idosos, gestantes e em situação vulnerável.

OLIVEIRA, S. M. de. Cidade e acessibilidade: inclusão social das pessoas com deficiências. In: **VIII Simpósio Iberoamericano em comércio internacional, desenvolvimento e integração regional**, 2017 (adaptado).

Considerando a imagem e as informações apresentadas, avalie as afirmações a seguir.

I.   Projetar e adaptar as vias públicas facilita a circulação das pessoas com dificuldade de locomoção e usuários de cadeiras de rodas, sendo uma medida adequada de acessibilidade.

II. Padronizar as calçadas com implantação universal de rampas, faixas de circulação livres de barreiras, guias e pisos antiderrapantes atende ao princípio da acessibilidade.

III. Garantir a ajuda de terceiros a pessoas com deficiências, nos edifícios públicos e em espaços abertos públicos, é uma previsão legal convergente ao princípio da acessibilidade.

IV. Implantar sinalização sonora nos semáforos e informações em braille nas sinalizações dos espaços urbanos para pessoas com deficiência visual são providências de acessibilidade adequadas.

É correto o que se afirma em

Ⓐ III, apenas.
Ⓑ I e IV, apenas.
Ⓒ II e III, apenas.
Ⓓ I, II e IV, apenas.
Ⓔ I, II, III e IV.

Fonte: questão 7 - Objetiva – Formação geral - ENADE 2019

A questão 7 apresenta uma imagem e um texto verbal para abordar o tema *XII – social acessibilidade e inclusão social*. Trata-se de tema que favorece a reflexão sobre cidadania, uma vez que a acessibilidade transpõe entraves que impedem a participação efetiva de pessoas com deficiência nos vários âmbitos da vida social.

A questão testa a habilidade *avaliar* (complexidade 5) da TRB. Para marcar a alternativa correta, o estudante deveria avaliar as afirmações a fim de identificar as verdadeiras, com base na leitura dos textos que compõem o suporte.

Das afirmações apresentadas, apenas a número III é falsa. A partir da leitura da imagem e do texto sobre acessibilidade, o estudante pode inferir que as afirmações I e II e IV estão corretas.

Para a questão 7, o gabarito indica como correta a alternativa D.

A análise de questões do componente Formação Geral, do ENADE dos anos 2010 e 2019 mostra que o suporte das questões favorece a reflexão sobre o papel da cidadania.

No plano do raciocínio lógico, a questão 4, de 2010, pode apresentar dificuldade se o concluinte se concentrar apenas na leitura e análise do texto para resolver a questão, na questão 7 não é possível definir qual asserção é verdadeira e qual é falsa.

No exame de 2019, podemos avaliar que as questões analisadas favorecem a reflexão sobre o papel da cidadania e a estruturação do raciocínio lógico.

Por serem questões, que em sua maioria, favorecem a elaboração do raciocínio lógico, e por privilegiarem a leitura e análise do suporte apresentado, dão menor relevância ao conteúdo.

5.5 Comparação das questões ENEM e ENADE

Recorrei à Taxonomia de Bloom para fazer a comparação das questões dos dois exames investigados, utilizando a base hierárquica da Figura 47, foram elaborados quadros que indicam a que nível hierárquico da TRB as questões pertencem. As questões foram divididas em dois grupos: Grupo 1 redação do ENEM e discursivas do ENADE e Grupo 2 objetivas ENEM e ENADE. Os quadros foram divididos por ano de aplicação dos exames, utilizamos a letra **Q** para indicar a palavra questão.

5.5.1 Grupo 1 – Questões de redação do ENEM e discursivas do ENADE

Quadro 2 – Domínio Cognitivo – Redação ENEM 2000

	Categorias	ENEM
1	Lembar	
2	Entender	
3	Aplicar	
4	Analisar	Redação ENEM
5	Avaliar	Redação ENEM
6	Criar	Redação ENEM

Fonte: a autora

Quadro 3 – Domínio Cognitivo - Redação – ENEM – Discursivas ENADE / 2010

	Categorias	ENEM	ENADE
1	Lembrar		Q 9 Discursiva / Q.10 Discursiva
2	Entender		
3	Aplicar		
4	Analisar	Redação ENEM	
5	Avaliar	Redação ENEM	Q 9 Discursiva
6	Criar	Redação ENEM	Q 9 Discursiva / Q.10 Discursiva

Fonte: a autora

Quadro 4 – Domínio Cognitivo - Redação – ENEM - Discursivas ENADE / 2019

	Categorias	ENEM	ENADE
1	Lembrar		
2	Entender		
3	Aplicar		Q 2 Discursiva
4	Analisar	Redação ENEM	Q 1 Discursiva
5	Avaliar	Redação ENEM	
6	Criar	Redação ENEM	Q 1 Discursiva

Fonte: a autora

A análise das questões de redação do ENEM e das discursivas do ENADE mostra a diferença na escala de complexidade de cada exame. A redação do ENEM testa, nos três anos do exame, os níveis de habilidades mais complexos da TRB: *analisar, avaliar* e *criar*.

Nas discursivas do ENADE, os níveis de complexidade variam. Em 2010, a questão 9 testa as habilidades *lembrar, avaliar* e *criar*, a questão 10 testa as habilidades *lembrar* e *criar*. Em 2019, a questão 1 testa as habilidades *analisar* e *criar*, e a questão 2 testa a habilidade *criar*.

A TRB mostra que as questões apresentam um grau de complexidade equânime, uma vez que, para chegar à habilidade *criar*, o aluno teria que ter desenvolvido as habilidades que precedem o nível 6 das categorias. Entretanto, as questões do ENEM solicitam nas três edições analisadas, que o estudante produza um texto dissertativo-argumentativo e elabore uma proposta de solução para o problema apresentado no tema da redação. Das questões discursivas do ENADE, apenas a questão 1, de 2019 pede que o participante elabore propostas de intervenção, as outras questões solicitam produzir um texto dissertativo ou argumentativo.

A análise mostra que o grau de complexidade das provas de redação do ENEM é maior quando comparado às questões discursivas do ENADE.

5.5.2 Grupo 2 – Questões objetivas

Quadro 5 – Domínio Cognitivo Objetivas – ENEM 2000

	Categorias	ENEM
1	Lembrar	
2	Entender	Q 29
3	Aplicar	Q 1, Q 17, Q 24 e Q 33
4	Analisar	Q 20
5	Avaliar	Q 4, Q 32 e Q 46
6	Criar	

Fonte: a autora

Quadro 6 - Domínio Cognitivo Objetivas – ENEM e ENADE 2010

	Categorias	ENEM	ENADE
1	Lembrar	Q 97, Q 100, Q 116 e Q 130	
2	Entender		
3	Aplicar	Q 118 e Q 119	
4	Analisar	Q 115, Q 128, Q 129 e Q 134	Q 4
5	Avaliar	Q 102, Q 108, Q 123 e Q 132	Q 1, Q2 e Q 7
6	Criar		

Fonte: a autora

Quadro 7 – Domínio Cognitivo Objetivas – ENEM e ENADE 2019

	Categorias	ENEM	ENADE
1	Lembrar		
2	Entender		
3	Aplicar	Q 29	
4	Analisar	Q 10, Q 14, Q 23, Q 24, Q 25, Q 35, Q 38 e Q 43	Q 2, Q 3, Q 4 e Q 7
5	Avaliar	Q 13, Q 16, Q 27, Q 32 e Q 38	
6	Criar		

Fonte: a autora

Em ambos os exames, a TRB aponta para a concentração nas seguintes dimensões do processo cognitivo: *aplicar, analisar e avaliar*. As questões estarem concentradas, em sua maioria, nos domínios de aprendizagem mais avançados, poderia indicar que o ENEM e o ENADE apresentam grau de complexidade semelhante. Entretanto, os estudantes participam desses exames em momentos distintos: ao final da educação básica (ENEM) e ao final da graduação (ENADE), além disso, os exames têm objetivos diferentes. O ENEM impacta diretamente a vida acadêmica do estudante, o ENADE é um exame cujos resultados impactam as IES.

A análise do recorte dos exames indica que o conjunto de informações (texto, mapas, tabelas, figuras, charges, enunciado, comando e alternativas) que formam o suporte de questões do ENEM é mais complexo do que o suporte apresentado nas questões do ENADE. Parte das questões do ENEM mobiliza um tipo de capital cultural que não é familiar a muitos estudantes que participam da prova. A complexidade fica evidente nas provas do ENEM dos anos de 2010 e 2019.

CONSIDERAÇÕES FINAIS

Há de haver algum lugar
Um confuso casarão
Onde os sonhos serão reais
E a vida não.
(Edu Lobo e Chico Buarque)

As avaliações em larga escala constituem-se em um indutor de políticas públicas para a educação brasileira. Essas avaliações são aplicadas para fornecer dados do sistema de ensino como um todo, ou seja, para medir se houve avanço no ensino de uma rede. A partir do diagnóstico produzido por esses exames, é possível traçar estratégias para melhorar a qualidade do ensino do país inteiro. Entre essas avaliações estão o ENEM e ENADE, que foram o foco da investigação.

O ENEM tornou-se, nesses mais de vinte anos de existência, a mola de impulsão para chegar ao ensino superior. Isso fez com que a prova passasse por alterações em sua estrutura. O exame explora diferentes áreas do conhecimento e propõe-se a trabalhar os conteúdos de forma interdisciplinar. Os estudantes que participam do ENEM são instados a mostrar suas habilidades para interpretação de texto, raciocínio lógico, com domínio sobre os temas apresentados nas questões do exame.

Na prova de redação, a expectativa é que os participantes sejam capazes de elaborar um texto dissertativo-argumentativo e que apresentem um projeto de intervenção para a situação-problema apresentada na questão. Espera-se também que o estudante concluinte do ensino médio, etapa final da educação básica, tenha consolidado os conhecimentos adquiridos no ensino fundamental e que tenha preparação básica para o trabalho e para o exercício da cidadania, além da formação ética e de ter desenvolvido a autonomia intelectual e pensamento crítico, conforme o Art. 35, da LDB 9394/96.

O ENADE, exame que é aplicado há quase vinte anos, tem por objetivo aferir o rendimento dos estudantes dos cursos de graduação. O exame não passou por mudanças significativas ao longo dos anos. Com a avaliação do ensino superior, também se espera que, ao final da graduação, o estudante tenha um perfil ético, comprometido com o exercício da cidadania, seja autônomo e que compreenda temas que transcendam seu ambiente próprio de formação e sejam importantes para a realidade contemporânea.

As avaliações em larga escala estão previstas na LDB, que reflete o que foi pactuado Declaração Mundial sobre Educação para Todos (1990), realizada em Jomtien, e nas declarações que se seguiram das quais o Brasil é signatário. Esses documentos traçaram objetivos para educação básica de países em desenvolvimento. A cada declaração os objetivos vão se ajustando às necessidades apresentadas pelo conjunto de países que se compromete a envidar esforços para melhorar a educação básica.

O objetivo do trabalho foi investigar o tipo de capital cultural presente em questões analisadas do ENEM e do ENADE e se essas provas oferecem chances equânimes de sucesso aos estudantes que participam dos exames que mobilizam alunos de todo o Brasil. Alunos chegam para fazer as provas com realidades socioeconômicas diversas e com experiências de ensino e aprendizagem diferentes. As características dos exames e os contextos diversos dos quais os alunos são oriundos justificam a investigação que foi feita neste trabalho.

A articulação do pensamento de Bourdieu sobre capital cultural, de Bourdieu e Passeron sobre reprodução e de Biesta sobre a mensuração dos resultados em avaliações em larga escala mostrou que houve um alargamento nos objetivos do ENEM e do ENADE. Ambos se transformaram em *ranking* de escolas de ensino médio e de IES respectivamente, fazendo com que os exames sejam instrumentos de valorização da cultura dominante e de seus valores.

A análise de questões do ENEM indicou que ao longo dos anos o exame foi mudando de feição. A partir de 2009, o exame foi dividido por áreas do conhecimento e as questões foram ficando mais complexas. As provas de 2010 e 2019 mostram que o grau de complexidade foi aumentando e que algumas questões seriam quase impossíveis de serem resolvidas, pois não oferecem suporte para que um estudante que está concluindo o ensino médio chegasse à alternativa correta. Exemplo disso se dá nas questões 102 e 108 de 2010 e nas questões 27 e 32 de 2019.

O modo de formular as questões do ENEM também mudou. Essa mudança fez com que o exame passasse a favorecer um grupo de estudantes que desde muito cedo teve acesso a bens culturais considerados de prestígio. A mudança fica mais patente no exame de 2019.

A análise do ENADE mostrou que a prova se mantém sem mudanças na elaboração das questões e que quase todas as questões analisadas apresentaram suporte que favoreceu o raciocínio lógico do estudante que fez a prova. A exceção se dá na questão 7 da prova de 2010.

Enquanto os que fazem o ENEM almejam uma vaga na universidade, os que participam do ENADE terão seu desempenho refletido na avaliação das instituições das quais são oriundos. Isso faz com que tudo o que se cobra no ENEM seja da responsabilidade do estudante aprender e tudo que se cobra no ENADE seja de responsabilidade da IES ensinar. O sucesso no ENEM é de responsabilidade individual: o estudante que está concluindo a educação básica; o sucesso no ENADE é de responsabilidade de um grupo: a IES.

Além das diferenças de objetivos dos exames, os alunos que estão concluindo a graduação aprofundaram as competências que aqueles que estão concluindo a educação básica ainda não aprofundaram. Por isso, a comparação das avaliações mostra que o ENADE é uma prova menos complexa quando comparada ao ENEM.

Esta obra pretende provocar uma reflexão acerca do que precisa ser melhorado no processo avaliativo do ENEM e do ENADE para que seus resultados traduzam com mais clareza o desempenho do ensino médio e do ensino superior, fazendo com que tenhamos políticas públicas que encaminhem para uma educação que mude a sociedade e que conforme diz Apple possamos responder adequadamente à pergunta: De que tipo de educação estamos falando quando afirmamos que a educação pode mudar a sociedade? Interrogação que merece ser explorada em novos estudos.

REFERÊNCIAS

ALAVARSE, Ocimar Munhoz; BRAVO, Maria Helena; MACHADO, Bravo Cristiane. Avaliações externas e qualidade na educação básica: articulações e tendências. *Est. Aval. Educ.*, São Paulo, v. 24, n. 54, p. 12-31, jan./abr. 2013. Disponível em: http://publicacoes.fcc.org.br/index.php/eae/article/view/1900/1882. Acesso em: 11 dez. 2021.

ANDRADE, Sammela Rejane de Jesus; FREITAG, Raquel Meister Ko. Objetivos educacionais e estimativas em larga escala na trajetória da educação superior brasileira: Enem, Enade e a complexa cognitiva na lógica do fluxo. *Revista Brasileira de Estudos Pedagógicos* [on-line], v. 102, n. 260, p. 177-204, 2021. Disponível em: https://doi.org/10.24109/2176-6681.rbep.102.i260.4264. Acesso em: 26 jun. 2022. ISSN 2176-6681.

APPLE. Michael W. *A educação pode mudar a sociedade?* Tradução de Lila Loman. Petrópolis: Vozes, 2017.

ARROYO, Miguel Gonzalez. Reafirmação das lutas pela educação em uma sociedade desigual?. *Educação & Sociedade* [on-line], v. 39, n. 145, p. 1098-1117, 2018. Disponível em: https://doi.org/10.1590/ES0101-73302018206868. Acesso em: 6 jan. 2022.

BANCO MUNDIAL. *Educação*. Disponível em: https://www.worldbank.org/en/topic/education/overview. Acesso em: 31 mar. 2021.

BANCO MUNDIAL. *Gerenciamento de educação*. Disponível em https://www.worldbank.org/en/topic/education/brief/education-management. Acesso em: 31 mar. 2021.

BARDIN, Laurence. *Análise de conteúdo*. Tradução de Luís Antero Reto e Augusto Pinheiro. São Paulo: Edições 70, 2011.

BAUER, Adriana; ALAVARSE, Ocimar Munhoz; OLIVEIRA, Romualdo Portela de. Avaliações em larga escala: uma sistematização do debate. *Educação e Pesquisa* [on-line], v. 41, n. spe., p. 367-1384, 2015. Disponível em: https://doi.org/10.1590/S1517-9702201508144607. Acesso em: 8 dez. 2021. ISSN 1678-4634.

BERTOLIN, Júlio C. G.; MARCON, Telmo. O (des)entendimento de qualidade na educação superior brasileira – Das quimeras do provão e do ENADE à realidade do capital cultural dos estudantes *Avaliação,* Campinas, v. 20, n. 1, p. 105-122, 2015. Disponível em: http://www.scielo.br/scielo.php?pid=S1414=40772015000100105-&script-sci_abstract&tlng=pt. Acesso em: 5 jan. 2019.

BIESTA, Gert. Boa educação na era da mensuração. *Cad. Pesquisa.* [on-line], v. 42, n. 147, p. 808-825, 2012. Disponível em: http://www.scielo.br/scielo.php?script=sci_arttext&pid=S0100-15742012000300009. Acesso em: 19 maio 2019.

BIESTA, Gert. Medir o que valorizamos ou valorizar o que medimos? Globalização, responsabilidade e a noção de propósito da educação. *Revista Educação Especial,* v. 31, n. 63, p. 815-832, out./dez. 2018. Disponível em: https://periodicos.ufsm.br/educacaoespecial. Acesso em: 19 maio 2019.

BIESTA, Gert; PICOLI, B. A. O dever de resistir: sobre escolas, professores e sociedade. *Educação,* v. 41, n. 1, p. 21-29, 2018. Disponível em: https://doi.org/10.15448/1981-2582.2018.1.29749. Acesso em: 20 maio 2019.

BOFF Leonardo. *A águia e a galinha:* uma metáfora da condição humana. Rio de Janeiro: Editora Vozes, 1998, p. 9.

BOURDIEU, Pierre. Las formas del capital. Capital económico, capital cultural Y capital social. *In:* BOURDIEU, Pierre. *Poder, Derecho Y Clases Sociales.* Traducción de Mª José Bernuz Beneitez. 2. ed. Spain: Editorial Desclée de Brouwer, 2000. p. 131-164.

BOURDIEU, Pierre. *Escritos de Educação.* Tradução de Magali de Castro. NOGUEIRA. Maria Alice; CATANI. Afranio (org.). 7. ed. Petrópolis: Vozes, 2015.

BOURDIEU, Pierre; PASSERON, Jean-Claude. *A reprodução:* elementos para uma teoria do sistema de ensino. Tradução de Reynaldo Bairão. 7. ed. Petrópolis: Vozes, 2014, p. 168-206.

BRANDÃO, Carlos Rodrigues. *O que é educação.* São Paulo: Brasiliense, 2007.

BRASIL. INEP. *Censo da educação básica 2020*: resumo técnico [recurso eletrônico] – Brasília: Inep, 2021.

BRASIL. IV *Conferência brasileira de educação - Carta de Goiânia*, 1986 Disponível em: http://www.repositorio.ufc.br/handle/riufc/13165. Acesso: 11 jul. 2021.

BRASIL. *Constituição da república dos Estados Unidos do Brasil (de 16 de julho de 1934).* Disponível em: http://www.planalto.gov.br/ccivil_03/constituicao/constituicao34.htm. Acesso em: 2 jan. 2021.

BRASIL. *Constituição dos Estados Unidos do Brasil* (de 18 de setembro de 1946). Disponível em: http://www.planalto.gov.br/ccivil_03/constituicao/constituicao46.htm. Acesso em: 31 dez. 2020.

BRASIL. *Constituição da República Federativa do Brasil*. Texto constitucional promulgado em 5 de outubro de 1988, compilado até a Emenda Constitucional no 105/2019. Disponível em: https://www2.senado.leg.br/bdsf/bitstream/handle/id/566968/CF88_EC105_livro.pdf. Acesso em: 28 dez. 2020.

BRASIL. Imprensa Nacional. *Portaria Normativa 2010*. Portaria Inep n.º 230 de 13 de julho de 2010. Publicada no Diário Oficial de 14 de julho de 2010, Seção 1, págs. 839 e 840. Disponível em: https://download.inep.gov.br/download/enade/2010/PD2010_tec_radiologia.pdf. Acesso em: 6 jul. 2022.

BRASIL. Imprensa Nacional. *Portaria Normativa 2019*. Portaria Inep n.º 518 de 13 de junho de 2019. Publicada no Diário Oficial de 03 de junho de 2019, Seção 1, págs. 49. Disponível em: https://www.in.gov.br/web/dou/-/portaria-n-518-de-31-de--maio-de-2019-149882547. Acesso em: 6 jul. 2022.

BRASIL. *Lei n.º 4.024*, de 20 de dezembro de 1961. Disponível em: https://www2.camara.leg.br/legin/fed/lei/1960-1969/lei-4024-20-dezembro-1961-353722-publicacaooriginal-1-pl.html. Acesso em 5 jul. 2022.

BRASIL. *Lei n.º 5.692*, de 11 de Agosto de 1971. Disponível em: http://www2.camara.leg.br/legin/fed/lei/1970-1979/lei-5692-11-agosto-1971-357752-norma-pl.html. Acesso em: 27 abr. 2015.

BRASIL. *Lei n.º 9.394*, de 20 de dezembro de 1996. Disponível em: http://www.planalto.gov.br/ccivil_03/leis/l9394.htm. Acesso em: 27 abr. 2015.

BRASIL. *Medida provisória n.º 1.075*, de 6 de dezembro de 2021. Disponível em: https://www.congressonacional.leg.br/materias/medidas-provisorias/-/mpv/151159. Acesso em: 17 dez. 2021.

BRASIL. *Portaria n.º 518, de 31 de maio de 2019*. Disponível em: https://www.in.gov.br/web/dou/-/portaria-n-518-de-31-de-maio-de-2019-149882547. Acesso em: 20 dez. 2021.

BRASIL. INEP. *Edital n.º 14, de 21 de março de 2019 Exame Nacional do Ensino Médio - ENEM 2019 D.O.* Seção 3 ISSN 1677-7069 N.º 57, segunda-feira, 25 de março de 2019 Disponível em: https://www.gov.br/inep/pt-br/centrais-de-conteudo/legislacao/enem. Acesso em: 10 fev. 2022.

BRASIL. INEP. *ENADE. Apresentação*. [200?]. Disponível em: https://www.gov.br/inep/pt-br/areas-de-atuacao/avaliacao-e-exames-educacionais/enade. Acesso em: 17 dez. 2021.

BRASIL. INEP. *ENADE. Histórico.* Disponível em: https://www.gov.br/inep/pt-br/areas-de-atuacao/avaliacao-e-exames-educacionais/enade/historico. Acesso em: 18 dez. 2021. [1995].

BRASIL. INEP. *Exame Nacional do Ensino Médio*: prova de Linguagens Códigos e suas Tecnologias e Redação. caderno amarelo. Brasília, 2000.

BRASIL. INEP. *Exame Nacional do Ensino Médio*: prova de Linguagens Códigos e suas Tecnologias e Redação: 2º dia: caderno amarelo. Brasília, 2010.

BRASIL. INEP. *Exame Nacional do Ensino Médio*: prova de Linguagens Códigos e suas Tecnologias e Redação: 1º dia: caderno amarelo. Brasília, 2019.

BRASIL. INEP. *Exame Nacional de Desempenho dos Estudantes*: prova de Formação Geral. Brasília, 2010.

BRASIL. INEP. *Exame Nacional de Desempenho dos Estudantes*: prova de Formação Geral: caderno de Agronomia. Brasília, 2019.

BRASIL. INEP. *ENEM Relatório Final 1998.* Disponível em: https://www.gov.br/inep/pt-br/areas-de-atuacao/avaliacao-e-exames-educacionais/enem/resultados/relatorios-pedagogicos. 1998. Acesso em: 8 dez. 2021.

BRASIL. INEP. *ENEM Relatório Final 1999.* Disponível em: https://www.gov.br/inep/pt-br/areas-de-atuacao/avaliacao-e-exames-educacionais/enem/resultados/relatorios-pedagogicos. 2000. Acesso em: 8 dez. 2021.

BRASIL. INEP. *ENEM Relatório Pedagógico 2004.* Disponível em: https://www.gov.br/inep/pt-br/areas-de-atuacao/avaliacao-e-exames-educacionais/enem/resultados/relatorios-pedagogicos. 2007. Acesso em: 8 dez. 2021.

BRASIL. INEP. ENEM. *Histórico.* 09-09-2020. Disponível em: https://www.gov.br/inep/pt-br/areas-de-atuacao/avaliacao-e-exames-educacionais/enem/historico. Acesso em: 15 dez. 2021.

BRASIL. INEP. *Exame Nacional do Ensino Médio Enem:* relatório pedagógico 2000 — Brasília: O Instituto, 2001.

BRASIL. INEP. *Exame Nacional do Ensino Médio Enem*: relatório pedagógico 2009-2010. INEP. Brasília: O Instituto, 2013.

BRASIL. INEP. MICRODADOS ENEM 2010 – *Habilidades.* Disponível em: https://www.gov.br/inep/pt-br/areas-de-atuacao/avaliacao-e-exames-educacionais/enem/resultados. Acesso em: 19 set. 2021.

BRASIL. INEP. *Resumo técnico do Censo da Educação Superior 2019* [recurso eletrônico]. Brasília: 2021. Disponível em: https://www.gov.br/inep/pt-br/centrais-de-conteudo/acervo-linha-editorial/publicacoes-institucionais/estatisticas-e-indicadores-educacionais/resumo-tecnico-da-educacao-superior-2019. Acesso em: 2 mar. 2022.

BRASIL. INEP. *SAEB. Apresentação.* [199?]. Disponível em: https://www.gov.br/inep/pt-br/areas-de-atuacao/avaliacao-e-exames-educacionais/saeb. Acesso em: 8 dez. 2021.

BRASIL. MEC. *Ministro propõe novo Enem como forma de acesso a universidades federais.* Disponível em: http://portal.mec.gov.br/ultimas-noticias/211-218175739/12692-ministro-propoe-novo-enem-como-forma-de-acesso-a-universidades-federais. Acesso em: 24 set. 2021.

BRASIL. MEC. *Portaria normativa n.º 2, de 26 de janeiro de 2010.* Disponível em: https://www.gov.br/mec/pt-br/media/acesso_informacao/pdf/SISUPortaria-Normativa2.pdf. Acesso em: 14 jan. 2022.

BRASIL. MEC. *PROUNI Sobre.* [2004]. Disponível em: http://prouniportal.mec.gov.br. Acesso: 10 jul. 2022.

CASTRO, Guilherme Caldas de. *A nova classe média brasileira – necessidades, anseios e valores*: um estudo da mobilidade social, a partir dos universitários da UERJ. 2014. Tese (Doutorado em Estado e Políticas Públicas). Programa de Pós-Graduação em Políticas Públicas e Formação Humana, da Universidade do Estado do Rio de Janeiro. Rio de Janeiro, 2014.

CUNHA, L. A. Ensino profissional: o grande fracasso da ditadura. *Cadernos De Pesquisa,* v. 44, n. 154, p. 912-933, 2014. Disponível em: http://publicacoes.fcc.org.br/index.php/cp/article/view/2913. Acesso em: 5 jul. 2022.

CUNHA, L. A. Ensino médio: atalho para o passado. *Educação & Sociedade* [on-line], v. 38, n. 139, p. 373-384, 2017. Disponível em: https://doi.org/10.1590/ES0101-73302017176604. ISSN 1678-4626. Acesso em: 5 jul. 2022.

FAIRCLOUGH, Norman. *Discurso e mudança social.* 2 ed. Brasília: UNB, 2016.

FERRAZ, Ana Paula do Carmo Marcheti; BELHOT, Renato Vairo. Taxonomia de Bloom: revisão teórica e apresentação das adequações do instrumento para definição de objetivos instrucionais. *Gestão & Produção* [on-line], v. 17, n. 2, p. 421-431, 2010. Disponível em: https://doi.org/10.1590/S0104-530X2010000200015. Acesso em: 26 jun. 2022. ISSN 1806-9649.

IBGE. *VIII Recenseamento geral 1970.* Disponível em: https://biblioteca.ibge.gov.br/visualizacao/livros/liv84447.pdf. Acesso em: 14 fev. 2021.

MALMBERG, Bertil. *As novas tendências da linguística*: uma orientação à linguística moderna. Tradução de Francisco da Silva Borba. São Paulo: Editora da USP, 1971. p. 156-175.

MELLO, Hivy Damasio Araújo. O Banco Mundial e a reforma educacional no Brasil: a convergência de agendas e o papel dos intelectuais. *In*: PEREIRA, João Márcio Mendes (org.) *A demolição de direitos*: um exame das políticas do Banco Mundial para a educação e a saúde (1980-2013). Rio de Janeiro: Escola Politécnica de Saúde Joaquim Venâncio, 2014.

RISTOFF, Dilvo. Os desafios da avaliação em contexto de expansão e inclusão. *Espaço Pedagógico*, Passo Fundo, v. 26, n. 1, p. 9-32, jan./abr. 2019. Disponível em: www.upf.br/seer/index.php/rep. Acesso em: 5 abr. 2019.

ROJO, Luisa Martín. A fronteira interior – análise crítica do discurso: um exemplo sobre "racismo". *In:* IÑIGUEZ, Lupicinio. *Manual de análise do discurso em ciências sociais.* Tradução de Vera Lúcia Joscelyne. Petrópolis: Vozes, 2004, p. 206-257.

SALES, Leonardo. No Enem, 1 a cada 4 alunos de classe média triunfa. Pobres são 1 a cada 600. *Porvir, Inovações em Educação*, jan. 2019. Disponível em: https://porvir.org/no-enem-1-a-cada-4-alunos-de-classe-media-triunfa-pobres-sao-1-a-cada-600/. Acesso em: 2 out. 2023.

SAVIANI. Dermeval. *A lei da educação:* LDB (livro eletrônico): trajetória, limites e perspectivas. Campinas: Autores associados, 2019.

SECCHI, Leonardo. *Políticas públicas*: conceitos, esquemas de análises, casos práticos. São Paulo: Cengage Learning, 2010.

SOUZA, Jessé. *Para a classe média, o que prevalece é o capital cultural.* Entrevista ao jornal O Globo. 2013. Disponível em: https://oglobo.globo.com/economia/para-classe-media-que-prevalece-o-capital-cultural-7914177. Acesso em: 18 abr. 2019.

UNESCO. *Declaração de Dakar:* Educação para todos. Biblioteca Virtual de Direitos Humanos da USP, 2000. Disponível em: www.direitoshumanos.usp.br/index.php/Direito-a-Educação/declaracao-de-dakar/Imprimir.html. Acesso em: 20 fev. 2021.

UNESCO. *Declaração de Incheon*, 2015. Disponível em: https://inee.org/system/files/resources/245656por.pdf. 2015. Acesso em: 20 fev. 2021.

UNESCO. *Declaração Mundial de Educação para Todos*, 1990. Disponível em: https://www.unicef.org/brazil/declaracao-mundial-sobre-educacao-para-todos-conferencia-de-jomtien-1990. Acesso em: 11 jul. 2021.

UNESCO. *Declaração de Nova Delhi sobre educação para todos*, 1993. Disponível em: http://unesdoc.unesco.org/images/0013/001393/139393por.pdf. Acesso em: 1 jul. 2021.

UNESCO. *The Dakar Framework for Action: Education for All*, 2000. Disponível em: https://unesdoc.unesco.org/ark:/48223/pf0000121147. Acesso em: 14 jul. 2021.

VILLARDI, Raquel. Políticas de educação no Brasil hoje: o desmonte do direito. *In:* VICENTE, Debora da Silva; JULIÃO, Elionaldo Fernandes; CYRNE, Renata Vieira Carbonel (org.). *Políticas Públicas de Educação no Brasil:* reflexões políticas e pedagógicas. Rio de Janeiro: MPRJ, UFF, 2019, p. 52-72.

VOTRE. Sebastião Josué. *Análise do discurso*. São Paulo: Parábola, 2019.